2～5歳児 製作あそび 基本のき

ひかりのくに

JN108646

本書の使い方

Part 1 製作の基本

今さら聞けない！
用具の使い方など

活動のアイコンを目安に
Part1, 2に戻りつつ、
Part3の作品を作って
みてください。

製作前の準備・
知識として

子どもへの伝え方・ことばがけ例

メインとなる活動

Part 3 作ってみよう！

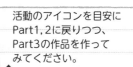

年齢別・季節に
沿った作品例が
たっぷり！

※作り方は、基本的に子ど
もが作る工程です。保育
者が行なうところには
「(保)」と記載しています。

子どもの発達に合わせて

この時期に経験してほしい内容を
Stepとして記載しています。

メインとなる活動のアイコン

Contents

9　Part 1　製作の基本

31　Part 2　技法の基本

41　Part 3　作ってみよう！

42 初級編　2歳児
・発達の様子
・製作のポイント
・保育者の配慮

161　Part 4　素材の基本

・紙コップ　・ビニール袋　・ペーパー芯　・紙パック　・ペットボトル　・ティッシュペーパーの空き箱
・紙皿　・紙袋と封筒　・厚紙　・段ボール箱　・大きな紙　・クリアフォルダー　・紙テープ
・フラワーペーパー　・毛糸　・自然物　・トイレットペーパー　・紙・小麦粉粘土

机の使い方

子どもたちが製作する場、材料を置く場、
遊ぶ場など、机は様々な場になります。
子どもたちの活動内容に合わせて、
机の工夫をしましょう。

小さな作品を作るときは

机を幾つか合わせて、中央に素材などを置きましょう。4人ほどのグループをつくり、イスに座ることで落ち着いて取り組め、製作に集中することができます。しかし、大きな作品を作るときや材料が多いときは床に画板を並べるなど、工夫しましょう。

材料・用具の置き場として

保育室の端の方に机を置き、素材を並べる場所として使用します。きっちりと並べておくことで、全体を一目で見渡せ、使いたい素材を見つけやすくなります。それが子どもたちの表現する力を伸ばすことにつながります。

作った作品で遊ぶ場として

空きスペースに机を置き、色画用紙や段ボール板などで道や家を作って町を表現したり、ペープサートの舞台を設定したりして、作品を動かして遊べる場を用意しましょう。机の上の飾りを子どもたちと一緒に作っても楽しいですね。

記名の仕方

一人で作る作品がたくさんあると、
記名に手間が掛かり、慌ててしまいますよね。
幾つかの方法を知っておくと、
ゆとりをもって子どもたちと関わることができますよ。

画板にビニールテープの名札を貼っておく

一人が小さな作品を幾つも作るときは、名前を書いたビニールテープを画板に貼っておき、その上に並べるようにしてみましょう。乾かす場合は画板ごと乾燥棚へ運ぶことができます。作品が乾いたらラッピングし、ビニールテープを貼り替えましょう。

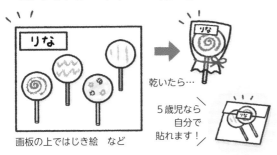

乾いたら…

5歳児なら
自分で
貼れます！

画板の上ではじき絵　など

洗濯ばさみの名札で挟む

ふだんからお道具箱の中に、記名した洗濯ばさみを数個入れておきましょう。木製やプラスチック製など、作品の雰囲気や用途に合わせて使いやすいものを選びましょう。作品をつるしたり、絵画の端に挟んだりできます。ひとまず洗濯ばさみを使用し、後でゆっくりと記名できるといいですね。

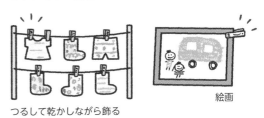

つるして乾かしながら飾る

絵画

子どもがシールの名札を自分で貼る

大きめの丸シールに細めの油性ペンを使って名前を書いておきます。5歳児であれば自分の名前を探して、作品に貼ることもできますよ。

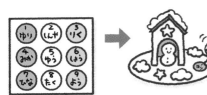

また、マスキングテープやビニールテープを小さめのカッターマットに貼り、カッターナイフで切り目を入れて名前を書いておくのもおすすめです。

※ビニールテープは引っ張り気味に貼って切り目を入れると、しばらくするとテープが縮み、隙間ができるので取りやすくなります。

後片付けのための準備

製作の後はすぐに片付けないと、次の活動に移れず、
バタバタすることがありますよね。
事前に後片付けの準備をしておけば、ゆったりとした気持ちで
子どもの活動に寄り添うことができますよ。

ごみ入れを用意する

小さなごみ入れを用意して、こまめに入れるようにすると机を広く使え、作りかけのものがなくなってしまうということもありません。はっきりとした色の小さなバケツや箱に「ごみ」と書いて、机の中央や子どもの近くに置いておきましょう。いつも同じものを使うと子どもたちにも分かりやすいですね。

新聞紙の画板を使う

夕刊の枚数程度の新聞紙（3〜4枚）の周りを布テープで囲み、"新聞紙の画板"を作りましょう。パスなどを使うときに敷いておくと、机が汚れず、後片付けも短時間で済むようになります。机の上が狭いときは、半分に折っても使えるので便利です！　スタンピングをするときには、新聞紙がクッションとなり、きれいに押すことができます。

色画用紙の切れ端をまとめる

まだ使えそうな色画用紙の切れ端は、かごや平たい箱を用意し、子どもたちに入れてもらうようにしましょう。一つの箱にまとめてもいいですが、おおまかに色分けをしておくと色に関心をもつきっかけにつながります。

Part 1

製作の基本

「貼る」「切る」「描く」などの基本を知りましょう。製作をするには、どの知識も必要です。基本が分かれば、製作がもっともっと楽しくなりますね♪

貼 る

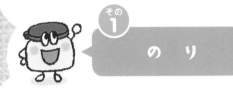

その**1** **の り**

画用紙や色紙などの一般的な紙類には、のり（指ですくって取るタイプ）がおすすめです。少量を指に付けて、貼る面に薄く伸ばして使いましょう。乾くまでに少し時間が掛かるので、直後なら貼り直すことができるというのも良い点です。お手拭きやのり付けする際の台紙を忘れずに用意しておきましょう。

その**2** **木工用接着剤**

「木工用」ですが、色画用紙で立体作品を製作するときや厚手の紙を使うとき、布や自然物などを貼り付けるときには木工用接着剤を使用します。小さな空きカップなどに入れて出しましょう。指ですくっても大丈夫ですが、へらのようなものを使用してもいいですね。
ドングリなどは指でつまんで、直接カップ内の接着剤をたっぷり付けて貼り、2日間程度乾かします。初めは白いですが、乾くと透明になるので使い勝手が良いですね。

その**3** **テープ類**

透明な素材やすべすべした光沢のある素材は、テープ類を使って接着しましょう。貼りたい所を決めて、しわにならないように貼るには、使い慣れることが大切です。また、色や柄のあるマスキングテープやビニールテープは、華やかで装飾にもぴったりです。子どもの製作時には、小さなカッターマットや紙パックで作った台紙などにテープを貼って、適当なサイズに切っておくと使いやすいです。
段ボール箱などには、クラフトテープや養生テープなどの幅の広いテープを使用しましょう。

のり

① のりを指に取る

手拭きを用意

のり付け台紙を使ってね！

紙パック

のり付け台紙は、紙パックを開いて作ると何度も繰り返し使える！　または、カレンダーの裏など表面がつるつるした紙なら、くっつかずに使いやすい。

② 塗る

お手拭き

のり付け台紙

のり付け台紙の上に、貼りたい紙を裏向きに置いて、優しくのりを塗ろう。塗った指はお手拭きで拭こうね。

③ 貼る

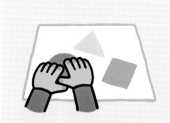

1、2、3、4、5とゆっくり数えながら押さえたら…できあがり！

小さい紙を貼るときはアリさんくらい。ちょっとでいいよ。

中くらいの紙はダンゴムシくらい。

大きい紙はサクランボくらい。

大きい紙

貼りたい場所のほうにおおまかにのりを付けて貼る。

めくりながらのりを付けて貼っていく。

小さい紙

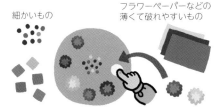

細かいもの

フラワーペーパーなどの薄くて破れやすいもの

貼りたい場所のほうにのりを付け、貼る。

ペタペタアート

用意するもの
・色紙（□、星形）
・色画用紙（台紙）

重ねて貼ってもOK。貼ることを十分に楽しみましょう。

作り方
貼る

のり

手のひらで上からそっと押さえましょう

テープ

セロハンテープ

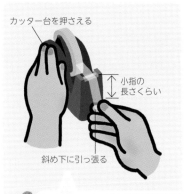

カッター台を押さえる

小指の
長さくらい

斜め下に引っ張る

片手でカッター台を押さえて、テープを小指の長さほど引き出そう。引っ張るときは、ゆっくり斜め下に引っ張るようにするといいよ。

※カッター台は落下しないように安定感のある所に置きましょう。

ビニールテープ・マスキングテープ

はさみで

下が机などに着くようにぶら下げて切る。

低年齢児には

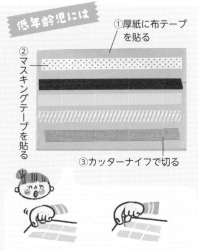

①厚紙に布テープを貼る

②マスキングテープを貼る

③カッターナイフで切る

使いたい色のテープの角をお母さん指のつめでコチョコチョしよう。

角がめくれて起き上がったら、お母さん指とお父さん指でつまんでスーッとめくりましょうね。

ペタペタ小物入れ

用意するもの

・紙コップ
・モール（2色をねじる）
・マスキングテープ

作り方

モール

マスキングテープ

貼る

マスキングテープをペタペタ。どんな模様にしようかな？

木工用接着剤

① カップに木工用接着剤を入れ、たっぷり付ける

付けたいものが大きいときは、口が広くて浅いカップに。

細長いもののときは、深いカップに。

ドングリのおしりが白くなるくらい接着剤を付けようね！

② そっと置く

接着した後は、2、3日動かさないように静かに乾かす。

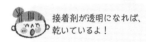

接着剤が透明になれば、乾いているよ！

平たいもの

木工用接着剤を指に取り、のりを使うときと同様に伸ばして貼ります。

お母さん指の先にダンゴムシくらいの接着剤を付けて、台紙の上でよく伸ばして付けようね。

ツンツンケーキ

モールとストローを組み合わせて楽しく飾りましょう♪

用意するもの

・紙粘土（一握り）
・おかずカップ
・モールやストロー（細かく切る）

作り方

紙粘土　モール　ストロー　木工用接着剤　おかずカップ

輪っかを作る

プラス 指でつまんで折り目を付けると、いろいろな形になります。

❶ のり付け

のりは「アリさんのごはんくらい」ちょっと付けるよ。

❷ 輪にする

指でぎゅっと挟んだら「1、2、3…10！」10まで数えるよ。

円柱形（筒）を作る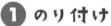

プラス 折り目を入れると四角柱になります。

❶ のり付け

紙を縦に置き、指でのりを塗るよ。端を合わせたら筒の中に指を入れて、しっかり押さえよう。

❷ しっかり押さえる

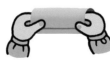

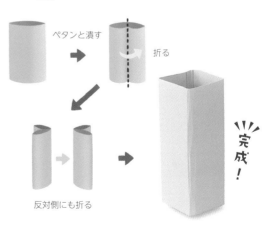

ペタンと潰す

折る

反対側にも折る

完成！

円すいを作る

とんがりタイプ

半円から

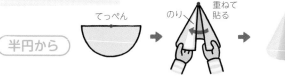
てっぺん / のり / 重ねて貼る → 帽子やツリー・体に

なだらかタイプ

全円から

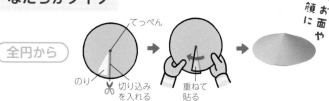
てっぺん / のり / 切り込みを入れる / 重ねて貼る → お面や顔に

立てて貼る

トンネル貼り	Ⓐ のりしろ	Ⓑ のりしろ	
立て貼り	Ⓒ のりしろ	Ⓓ のりしろ	

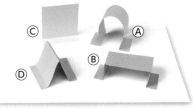
Ⓒ Ⓐ Ⓓ Ⓑ

① 平面

② 円柱 　 →切り開く→ のりしろ →

③ 円すい 　 →切り開く→ のりしろ →

④ 四角柱 →切り開く→ 角を切る → のりしろ →

15

切る

● ● ● ● ● ● ● ● ● 素材や用具の整え方 ● ● ● ● ● ● ● ● ●

その1 紙を切っておく

色画用紙で平面や立体の製作をするときには、あらかじめ使いやすい大きさに切っておきましょう。作品の土台となる紙は大きめに、飾りに使う紙は小さめに切るなど、大まかにサイズを仕分けておくのもいいですね。

その2 箱に並べて出す

色画用紙は取り出しやすいように平らな箱やトレイなどに並べ、製作コーナーの中央に置きましょう。一度に出し過ぎると扱いが雑になってきます。必要な分を少しずつ足していくようにするといいですね。

その3 副素材は後で

製作の様子を見ながら、飾りなどに使う副素材を出しましょう。種類別に分けて少量ずつ出していきます。子どもたちの作りたいイメージに合わせて準備しましょう。

丸シール　　　　　　　　フラワーペーパー

その4 はさみの扱い方を伝える

個人持ちのはさみを使用する場合、4・5歳児は各自のお道具箱に保管し、持ち歩くときは、刃を閉じて握るように伝えましょう。2・3歳児は保育者がまとめて保管し、使う直前に子どもの前に1丁ずつ丁寧に置いていきます。造形コーナーに置くはさみは先が丸く短めのものを選びましょう。

はさみ

はさみの約束

① 持ち方の約束

親指
ひとさし指
中指

小さい穴にお父さん指、大きい穴にお母さん指とお兄さん指を入れてね。入れたらグーパー・グーパーって指の体操をしてみよう。

② 姿勢の約束

体の真ん中で、なるべくひじが上がらないように。

刃が垂直に紙に当たるように

まず、一度机の上にはさみをまっすぐ置き、落ち着いて始めます。

③ 形を切るときの約束

形を切るときは、持っている紙を回すようにしようね。

④ 渡すときの約束

刃を閉じて、持ち手を相手に向ける。

はさみを持って運ぶときは、刃のほうを握って。渡すときと同じだよ。

はさみの4STEP

1. ぱっちん切り

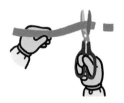

1回で切り落とす

＊刃の根元のほうで、「ぱっちん！」と切り落とす。

＊紙を持つ手は少しずつずらす。

2. ちょきちょき切り

数回で切り落とす

＊刃を閉じきる前に開き、切り進む。

3. 回し切り

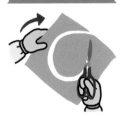

好きな形に切る

＊はさみの位置は動かさず、紙を切りたい方向へ動かす。

＊ゆっくり切る。

4. 線上切り

線の上を切る

＊線が縦になるように紙を持つ。

＊線をよく見てゆっくり切り、線の終わりで止める。

① 気付く

角が4つあることに気付く。

指をさして
確認

周りにとがった
角が1、2、3、
4つあるね。

② 切る

はさみを大きめに開いて斜
めに一回切り。

はさみのお口を
大きく開けて斜
めにぱっちん！

③ 次の角を切る

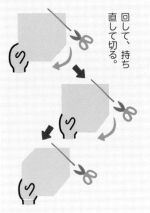

回して、持ち直して切る。

④ 整える

残っている小さ
な角を見つけて
切ろう。

低年齢児には
難しい…

左右の手の動きが違い、低
年齢の子どもにはとても難
しい行為です。何度も繰り
返すことで、身につけてい
きます。楽しみながらする
ことは何より大事ですね！

クッキーいっぱい

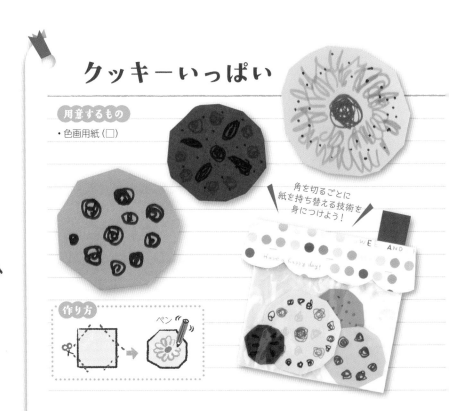

用意するもの
・色画用紙（□）

角を切るごとに
紙を持ち替える技術を
身につけよう！

作り方

✂ → ペン🖊

18

窓をあけよう

① 紙を折る

折り目を指先でしっかり
こすろう。

② 紙を切る

輪になっているほうから、
2本切り込みを入れよう。

③ 紙を広げて切る

紙を広げて折り目を切り
離そう。

円柱や四角柱（P.14）に窓などをあける

窓

① 平らにして切る

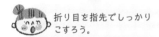

② 中へ押し込む

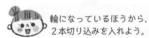

中へ押し込む

ドア

① のりしろを 1か所 切り取る

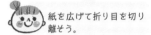

切り取る

② ドアを切る

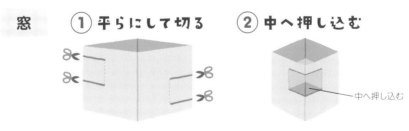

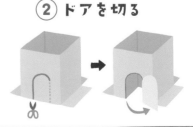

３Ｄカードを作ろう

① 半分に折る

② 切り込み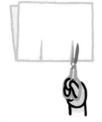

③ 折って、折り目を付けて戻す

向きを変えると
また違ったイメージに！

④ 指で押して前面に出す

⑤ のりで台紙に貼る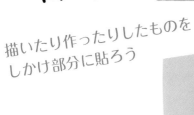

台紙と
折り目を
合わせる

のりを
塗る

完成

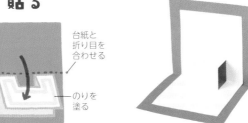

切り込みを２つに！

描いたり作ったりしたものを
しかけ部分に貼ろう

しかけに
貼る

切ったり
貼ったり

ペンで
描く

折る **のりしろ**

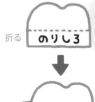

紙を折ってから切ろう

① 折り目を
しっかり付ける

② 少しずつ切る

③ そっと開く

失敗しながら
上手になるよ。
何枚も切ってみよう！

4つの切り方

重ね切り

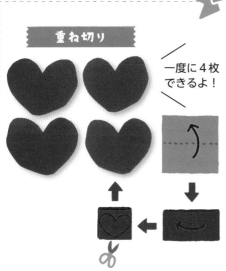

一度に4枚
できるよ！

飾り切り（初級）

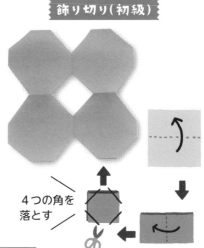

4つの角を
落とす

飾り切り（長い紙）

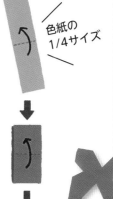

色紙の
1/4サイズ

飾り切り（中級）

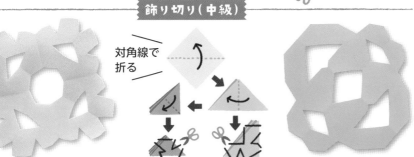

対角線で
折る

21

描く

・・・・・・・・ 描画の準備・導入 ・・・・・・・・

その1 絵を描く前に

日頃の保育で絵本を読む機会は多いでしょう。子どもたちに人気があって、何度も「よんで!」とせがまれる本はありませんか? そういった絵本を題材に選ぶと、絵の世界にもしぜんと入ることができます。絵を描く直前に一度だけ絵本を読むというのはおすすめしません。内容がしっかりと心に留まってから描くことが大切なのです。

絵本の使い方の ポイントを知ろう!

子どもたちの好きな絵本の中から、絵の題材に良いと思うものを選び、描く直前(パスやペンなどの画材と色画用紙などを準備した状態)で、もう一度見せましょう。人数が多くて見えにくいときは、空きスペースに集まり、全員で絵本を見るようにします。

その2 机のセッティング

机の上が汚れないようにビニールシートなどを敷いておくと、すぐに片付けることができて、時間がないときも助かります。ビニールシートがごわごわしていたり、動いたりすると、力を入れて描くことができないので、必ずテープで固定しましょう。

その3 実物の写真を見ながら

体験したことを描く場合は、用意しておいた実物や写真を見せながら、描くために大切なことを伝えましょう。

バスで遠足に!

土の中に虫さん発見

ツルが
付いてるね

おおきいのと
ちいさいのがあるよ!

色画用紙の選び方

その1 年齢や描きたいものに応じて

2・3歳児がパスを使用するときは、はがきより大きな紙を用意しましょう。小さな紙では、手で押さえる余白がないため、描くことができません。また、パスの絵は、指に力を入れてしっかりと塗り込むことで良さが生まれます。そのためには、やや厚みのあるしっかりした画用紙を選びましょう。はじき絵など、水分の多い絵の具を使うときも、厚めの画用紙がいいですね。

その3 淡い色の色画用紙

水色・ピンク色・クリーム色のような淡い色の色画用紙は、淡彩の絵の具を使うと、ほんのりと紙の色が透けて見え、絵の具の色が変わるようなおもしろさが感じられます。

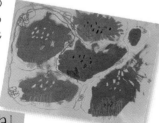

『イチゴおいしいね』

ピンクの色画用紙に同系色のイチゴを描きました。少しずつ違う色の変化にも気付けました。

その2 白画用紙の美しさ

多めの水で溶いた淡彩の絵の具や、水になじみやすい水性ペンなどでも色鮮やかに表現できるのが「白」の画用紙です。白には他の色にはない美しさがあります。色選びに迷ったときは、白画用紙を選ぶといいですね。

『水族館に行ったよ』

パスや絵の具で画用紙いっぱいに描きました。それぞれの色がはっきりと映えて色鮮やかですね。

その4 濃い色の色画用紙

オレンジ色などのはっきりとした色や、黒や群青、こげ茶などの濃い色の色画用紙を使うときは、濃いめに溶いた絵の具に少量の白を混ぜましょう。白を混ぜると絵の具が不透明になり、濃い色画用紙の上でもきれいに発色します。

『元気いっぱい運動会』

白や水色の体操服が、オレンジ色の背景に映えて、とてもきれいですね。元気いっぱいのイメージに合わせた色選びになりました。

パス

パスの使い方

① パスの置き方

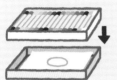

題材に合わせて描く場所を選ぶ。大きい紙のときは床で伸び伸びと、小さい紙のときは机で描いても。

箱の蓋を重ねる

利き手側に置く

パスの蓋に白い紙とゴムを入れて重ねよう。重ねたら、ひざの横に置いてね。

② パスの持ち方

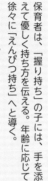

保育者は、「握り持ち」の子には、手を添えて優しく持ち方を伝える。年齢に応じて徐々に「えんぴつ持ち」へと導く。

お父さん、お母さん、お兄さん指の3本で力を合わせてぎゅっと持つんだよ。

③ 使い終わったら

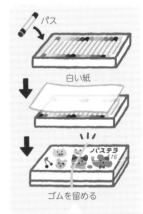

パス

白い紙

ゴムを留める

描き終わったらパスを戻して蓋をしよう。箱をしっかり持ってゴムで留めて片付けようね。

④ 減ってきたら

巻き紙がじゃまになったら、少しずつ破く。
※やりにくいときは、保育者が破りましょう。

パスのお散歩

穴の周りをクルクル回ったり、ゆっくり進んだり…

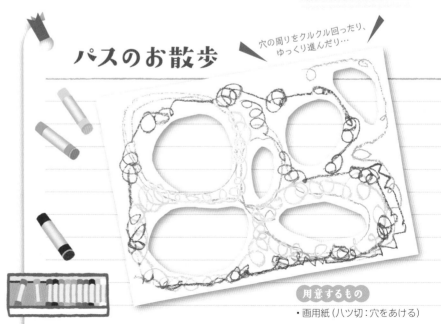

用意するもの

・画用紙(八ツ切:穴をあける)

アイスクリームをどうぞ

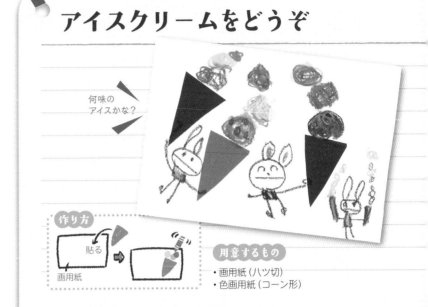

何味の
アイスかな？

作り方

画用紙　貼る　➡

用意するもの
・画用紙（ハツ切）
・色画用紙（コーン形）

力を入れて塗る

混色するときは、えんぴつと
同じようにパスを立てて持ち、
力を入れて塗る。

ペン

ペンの使い方

1 描き始めに

キャップを
取ったら
後ろに付ける

ペンのキャップはなくならな
いように後ろに付けておこう。

2 描き方1

混色しない

濃い色の上に薄い色で重ね描き
をするとペンの先が汚れるよ。

3 描き方2

強く描かない

強くゴシゴシ塗ったりトントンたたいた
りするとペンの先が潰れてしまうよ。

4 使い終わったら

しっかりキャップをする

しっかりキャップを
閉めて片付けようね。

絵の具

絵の具(筆)の使い方

① 筆の持ち方

えんぴつを持つようにしっかり持つ。

細い線を描くときは、筆を立てて毛先を使うイメージで!

えんぴつと同じように、しっかりと持つよ。

② 筆の取り方

筆の毛をカップの縁でゆっくりこすり、余分な絵の具を落として量を調整する。

絵の具がポタポタ床に落ちないよう手をお皿にして受け皿に。

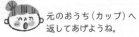

カップの縁で1、2、3。片手はお皿。

③ 筆の返し方

保育者は、色が混ざらないように初めに「どこから取ったか覚えておこうね」と声を掛ける。

元のおうち(カップ)へ返してあげようね。

保育者の準備

絵の具の溶き方

絵の具は、水加減で描いた感じが大きく変化します。題材に合う濃さを考えましょう。

子どもに出すときは

溶いた絵の具をカップの1/3以下になるように分けて出しましょう。これ以上多いと筆の持ち手が汚れて手や画用紙を汚してしまいます。

① 薄めの絵の具
パスが透けて見える

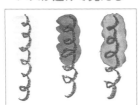

こんなときに!
パスやペンと合わせてふんわり優しい雰囲気にしたいとき。

えのぐ
カップ
水
しっかり混ぜる
☆先に水を入れてから少しの絵の具を足す

② ふつうの絵の具
パスが少し隠れる

こんなときに!
四ツ切画用紙の描画を伸び伸びと!

えのぐ
水
カップ
絵の具
☆先に絵の具を入れてから水を足す

③ 濃いめの絵の具
パスが隠れる

こんなときに!
重ね描きに力強くしっかりと。

えのぐ
水
カップ
絵の具
☆先に絵の具を入れてから水を足す

コンテ

コンテの
使い方

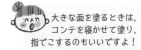

大きな面を塗るときは、
コンテを寝かせて塗り、
指でこするのもいいですよ！

① 線を描く

コンテを立てて持ち、
角で描く。

② 塗る

①と同様に立てて塗り、
ひとさし指でこすって
定着させる。

③ 重ね描き

①と②を合わせる。

④ 混色

②の後にほかの色を混
ぜるように重ねて塗る。

墨汁

墨汁の
使い方

試し描きし
ながら薄い
墨に少しずつ絵の
具を足していきま
しょうね。

① 墨汁の溶き方

濃い墨

※粘り度が高い
ときは、水を
少し足す。

☆カップに1/5程度。たくさん
入れると手を汚す原因に。

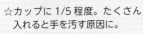

薄い墨

☆筆の先に原液を付けて水の入っ
たカップに少しずつ溶かす。

② 色墨を作る

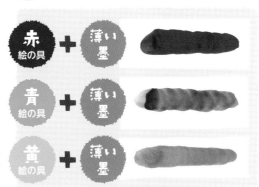

赤 絵の具 ＋ 薄い墨

青 絵の具 ＋ 薄い墨

黄 絵の具 ＋ 薄い墨

半分に折る方法 折る

① 折り紙を置く

紙を体の中心に置き、両手を使って角を合わせる。

よーく見ながら角を合わせてね。ゆっくり、ゆっくりね。

② 折る

折り目を利き手の指先でなでるようにすーっと横に押さえる。このとき、利き手の反対の手で紙をしっかり押さえておくことが大切。

優しくすーっとアイロン掛けよう。動かないでねって、しっかり上から押さえようね。

階段折り

① 紙を置く

② 手前を少し残して折る

③ 向こう側へ

※②〜③を繰り返す。

じゃばら折り

① 紙を置く

縦にまっすぐに置いた紙にもう1本の紙を横にまっすぐに乗せる。

② aとbを順に折る

縦の紙を手前にぺったんこ（a）、横の紙を反対側にぺったんこ（b）。

※②のaとbを方向を変えながら繰り返して、最後に始めと終わりをのりで留める。

画用紙を折るときの POINT

画用紙には縦目と横目があり、折りやすさが変わります。特に厚口画用紙を使うときは、事前に折って試し、折りやすい目を確認しておきましょう。

〈縦目〉　折り目がガタガタ

〈横目〉　折り目がまっすぐ

紙をもむ 方法

もむ

① 縦に丸めてもむ

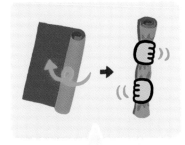

 初めに紙を縦にぎゅっと握って細くするよ。破れないようにゆっくりね。

② 広げて、横に丸めてもむ

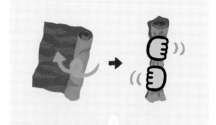

 細くなったら広げて、今度は横にぎゅっ。

③ 広げて、おにぎりのように丸める

 広げておにぎりみたいにぎゅっ。紙が柔らかくなったね。

紙をもむと…

包みやすい

もんだ色画用紙

セロハンテープで留める

丸めた新聞紙

セロハンテープで留める

色画用紙で目・口などを作る

サツマイモ太郎のできあがり！

ひだが寄せやすい

乳酸菌飲料の空き容器を包めば花瓶のできあがり！口を輪ゴムで留めてリボンを結んでもかわいいですよ。

優しい風合いが出る

破る
方法

破る

❶ 好きに破る

新聞紙や雑誌をばらして破って遊ぶ。

POINT

ビリビリッと破る音を楽しんだり、指先の使い方を覚えたりするきっかけになりますね。新聞紙は初めに雑誌くらいの大きさにしておくといいですね。

❷ 画用紙をすーっと裂く

画用紙に切り込みを入れておくと、低年齢児でも紙の目に沿ってすーっと長く裂くことができる。画用紙には縦目と横目があり、切り込みを入れるときは縦目に沿って入れる。事前に試しておくことが大切。

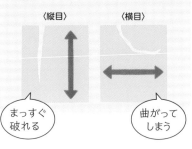

〈縦目〉　　〈横目〉

まっすぐ破れる　　曲がってしまう

❸ 大まかな形を作る

両手の親指を離さないように少しずつちぎり、紙を動かしながら形を作っていく。

ビリビリネズミとお花

用意するもの
・色画用紙

破った紙を組み合わせて、いろいろなものを作ってみよう♪

Part 2

技法の基本

技法をしたときにできる偶然の形や、不思議を感じて楽しみましょう。新しい技法に挑戦して様々な表現方法を知れるといいですね。

スタンピングの基本

> ゆっくり、そっとね

身近なもので楽しくスタンピングをしましょう。写った形のおもしろさと、繰り返し押すことで生まれるリズム感がステキ！

準備

★ **画用紙の下にクッション性のあるものを敷こう**

★ **スタンプ台を作ろう**

タオル、または、スポンジ

濃いめに溶いた絵の具

素材 いろいろ

まずは、たんぽ

短く切った割り箸

中に綿

ガーゼで包んで輪ゴムで留める

野菜

 ジャガイモ

 オクラ

包丁などで模様を付けて（保育者）。

切る位置によって大きさが変わります。

※大切な食材です。丁寧に扱うようにしましょう。

まきまき段ボール

段ボール板を目に沿って巻き、クラフトテープで留めます。断面の模様がきれい！

乳酸菌飲料の容器

ほかにもプリンカップなど、いろいろな容器も試してみましょう。絵の具がはじくときは、台所用中性洗剤を数滴垂らして。

底側　口側

貼り付け段ボール

果物ネット　毛糸　プチプチシート

布テープなど

裏側

段ボール板に果物ネットや毛糸などを両面テープで貼ります。裏に布テープなどで持ち手を付けると押しやすい。

プレゼントカード

用意するもの

- 画用紙
- 色画用紙

段ボール＋果物ネット

ジャガイモ＋オクラ＋段ボール

段ボール

乳酸菌飲料の容器＋オクラ

毛糸

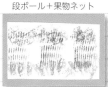

はじき絵の基本

① パスで描く

② 絵の具を塗る

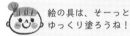

絵の具は、そーっとゆっくり塗ろうね！

Point

1. しっかり塗ろう

パスは、しっかり塗ったり描いたりするように伝えましょう。しっかり描いておくと、絵の具を塗ったときにはじきの効果がよく見えます。子どもの興味や関心を高めるために大切なポイントです。

2. 模様の描き方

小さな形を並べたり、いろいろな線を引いたりすることで、模様ができることを伝えましょう。

絵の具の濃さ が大切

OK	OK	NG

淡い色で同色のパスもよく見える	絵の具の効果ではっきりした仕上がりに	濃すぎてパスの線が消えている

絵の具の色 は…

同系色を用意すると混ざり合っても色が濁らず、きれいにできます。

赤 黄 → オレンジ

青 黄 → 緑

低年齢児

筆圧が弱いので、パスの色がよく見えるように絵の具の濃さや色をよく調整しましょう。例えば、パスの色と反対の色（補色）の絵の具を使うとよく見えますね。

OK

NG

※白を入れた水色やピンクの絵の具は、不透明になり、あまりパスが見えません。

はじき絵靴下

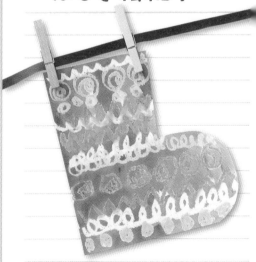

用意するもの

・画用紙（靴下形）

染め紙の基本

 技法

紙の用意

障子紙または和紙
（※ハンカチ程度の大きさに切る）

売られている障子紙の中には染まりにくいものもあります。できるだけパルプの配合が高いものを選びましょう。

必ず試す

・紙の素材　・絵の具の濃さ
・折り方　・絵の具の色
などを事前に保育者が試して確認してから子どもとするようにしましょう。

---

①初級ワザ
（2、3歳〜）

折らずに丸める

1色の絵の具で

ジャブッと付けてギュッと絞る

広げて乾かして…

＼できあがり！／

---

②中級ワザ
（3、4歳〜）

三角折り

例

例

赤	紫	青
黄	黄緑	青

混ざってもにごらない2〜3色で

子ども用バケツや洗面器

角を絵の具につけ、容器の側面に押し付けて水を切る

＼できあがり！／

---

③上級ワザ
（4、5歳〜）

四角折り

例

いろいろな色で

付けすぎると色が濁るので、角をちょんと付けるように

＼できあがり！／

カラフルハンカチ作り

 用意するもの

・障子紙または和紙

にじみ絵の基本

紙の用意

吸水性があり、水濡れに強い紙を選ぶ
例 和紙、障子紙、コーヒーフィルター

にじませ方

水性ペンで
模様を描く

※水性ペンは、メーカーなど
によってにじみ方が異なり
ます。事前に試しておくと
いいでしょう。

筆

描いた模様を
きれいに残すなら
こっち！

筆に水を含ませて線の
上をそっとなぞる。

新聞紙（2〜3枚程度）

霧吹き

にじむことへの
ワクワク感が
楽しめるのは
こっち！

霧吹きで水を掛ける。
掛けすぎると模様が流
れてしまうので注意。

新聞紙（2〜3枚程度）

乾かしてできあがり！

きのこのカラフル帽子

用意するもの
・コーヒーフィルター
・色画用紙

デカルコマニーの基本

❶ 紙に垂らす

画用紙を半分に折り、左右どちらか半分に絵の具を垂らす。たくさん垂らすとはみ出してしまうので、「垂らすのはスプーン1杯分」など、決まりをつくると良い。

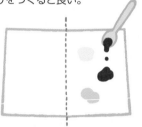

★絵の具の用意は
絵の具は水を少なめに溶き、少量をプリンカップなどに入れて出す。

❷ 紙を閉じてこする

画用紙を閉じ、新聞紙の上で、全体をまんべんなくこする。

「うつれ〜、うつれ〜」って魔法を掛けながら、そっとこすってみよう！

❸ 余分な絵の具を取る

新聞紙の上にペタンと伏せて、余分な絵の具を取ってから乾かす。紙が反り返ったり、ひび割れたりすることを防ぐ。

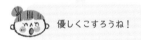

優しくこすろうね！

できあがり！

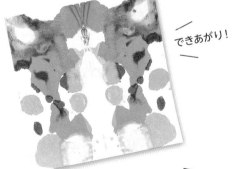

★色画用紙を使うと…
また違った味わいのデカルコマニーができますよ。白絵の具もきれいに見えます。

 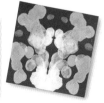

チョウチョウさん

用意するもの
・画用紙(チョウ形)
・モール

作り方
テープで貼る　　モール
デカルコマニーした画用紙

スクラッチ（ひっかき絵）の基本

紙の用意

1辺が10cm前後の画用紙

小さい紙だと負担が少なく、何度も楽しめます。

割り箸ペン

割り箸を半分の長さにし、片側を削る

※危ないのでとがらせすぎないように。

太い線が描ける

細い線が描ける

① 白のパス編

白いパスでしっかり塗る

割り箸ペンでひっかき描く

手で押さえやすいように色画用紙は周りを塗らずに残しておくのがポイント！ 割り箸ペンの先が汚れてきたら、ティッシュペーパーで拭きましょう。

② 黒塗り編

黒以外のパスでしっかりと塗り分ける

黒いパスで重ねて塗る

割り箸ペンでひっかき描く

③ カラフル編

薄い色のパスでしっかりと塗り分ける

濃い色のパスで重ねて塗る

割り箸ペンでひっかき描く

下塗り用には薄い色（桃、水、黄など）、上塗り用には濃い色（赤、紺、茶など）を使い分けましょう！

スクラッチコレクション☆

用意するもの

- 画用紙
- 色画用紙
- マスキングテープ
- クリアフォルダー

作り方

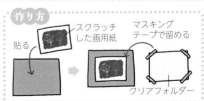

スクラッチした画用紙

貼る

マスキングテープで留める

クリアフォルダー

ステンシルの基本

型の用意

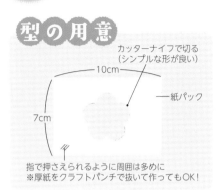

カッターナイフで切る
（シンプルな形が良い）

10cm

7cm

紙パック

指で押さえられるように周囲は多めに
※厚紙をクラフトパンチで抜いて作ってもOK！

●型紙（140%拡大してください）

---

❶ パスを塗る

パスやクレヨン

紙の上に型を乗せ、
穴の中心にパスを
塗る。

❷ 指でこする

こすってパスを
定着させる。

❸ そっと型をはずす

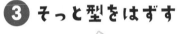

くっきり

パスをしっかり塗り、指
でこする

ふんわり

「くっきり」をした後の指
に付いたパスだけでこする

おもしろカラー

2色のパスを塗ってから
指でこする

重ねる

ステンシルした上にもう
一度同じようにする

プレゼントバッグ

用意するもの

・色画用紙
（ハツ切の半分）
・リボン

作り方

パンチ穴（保）　リボン

折る

のり

ステンシル

38

紙版画の基本

❶ 版を作る

いろいろな素材を、台紙の画用紙に貼ったり組み合わせたりして版を作る。

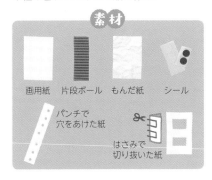

素材

画用紙　片段ボール　もんだ紙　シール

パンチで穴をあけた紙

はさみで切り抜いた紙

2・3歳～	4・5歳～	5歳～
ペタペタ貼って	形に切って貼り合わせて	切り抜いてから貼り合わせて

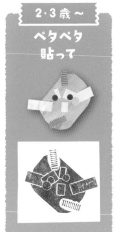

❷ 版を刷る

① 版にローラーでインクを付ける

新聞紙

ローラー　トレイ　水性版画インキ

② 写し取る紙※を乗せる

写し取る紙

新しい新聞紙

※写し取る紙は薄手の画用紙や、和紙などがいいでしょう。

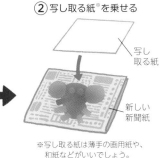

③ 上からそっとこする

できあがり！

紙版画の動物たち

用意するもの
・版用の素材
・写し取る紙

キリン

ライオン

フロッタージュ（こすり出し）の基本

❶ 版を作る

写したいものを台紙に貼り、版を作る。

「何枚もすると、だんだん上手になるよ」

❷ 紙を版に乗せる

薄手の紙を版に乗せて、ずれないように留める。

※写す紙は必ずコピー用紙など薄手の紙を使う

「クリップで2枚の紙を留めてからこするよ。」

❸ 色えんぴつなどで塗る

色えんぴつや全芯ソフト色えんぴつは、上から握ってこするように塗る。

「色えんぴつや全芯ソフト色えんぴつの上のほうを、お父さん指とお母さん指でつまむように持ってから握りましょう。」

出てくる、出てくる、ワクワクアート

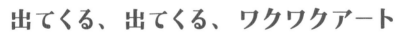

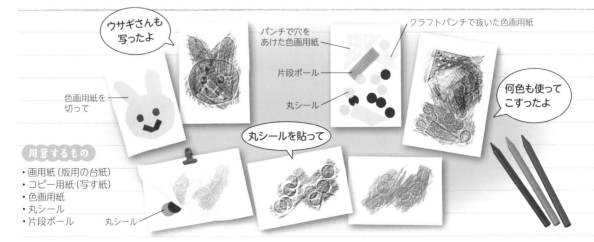

「ウサギさんも写ったよ」

色画用紙を切って

パンチで穴をあけた色画用紙

片段ボール

丸シール

クラフトパンチで抜いた色画用紙

「何色も使ってこすったよ」

「丸シールを貼って」

用意するもの
・画用紙（版用の台紙）
・コピー用紙（写す紙）
・色画用紙
・丸シール
・片段ボール　丸シール

Part 3

作ってみよう！

子どもの発達に合わせ、季節に沿った作品を紹介
します。「製作の基本」「技法の基本」のページを
参考にして作ってくださいね。

初級編

2歳児

発達の様子

自我が強くなり、自分の思いを通そうとすることが多くなってきます。

気に入った遊びだと、夢中になって長い時間遊ぶ姿が見られます。

大人のまねをして遊ぶなど、自分で遊びを見つけるようになります。

保育者のことばがけで、少しずつ友達と遊べるようになってきます。その子らしさも集団の中で遊ぶ様子から伝わってきます。

跳ぶ、走るなど全身を動かして遊べるようになります。また、手先を使ってつまんだり、丸めたり、剥がしたりすることがスムーズにできるようになってきます。

 情緒、 人間関係、🖐 手指 の発達について記載しています。

▲ P.49

P.51▶

▲ P.52

▲ P.62

◀ P.67

その様子から

押さえておきたい
製作のポイント

ポイントを
達成するための

保育者の配慮

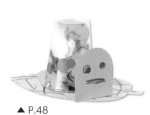

▲ P.48

▲ P.56

★まずは素材を知ることから

素材に触ることに興味をもちます。フラワーペーパーを丸めたり、顔に当ててふわふわする感じを楽しんだり、まずは作ることよりも素材を知ることに時間を掛けましょう。

▼ P.59

★はさみを使ってみる

はさみの使用開始は、2歳の終わりから3歳の初めの頃がいいでしょう。いつも同じ時期ではなくクラスの実情に合わせて、決めましょう。

★その子らしさを大切に

子どもの発する言葉を返しながら、できたことを一緒に喜ぶことで、子どもはもっとやってみたい気持ちになります。スタンプやシール貼りをするときには、まんべんなく押したり貼ったりいろいろな色を使うように誘導はせず、その子らしい貼り方や、色へのこだわりを大切にしましょう。

▲ P.50

★お気に入りの1枚で

机などに養生をして、思い切り活動ができるようにします。技法を使った製作をするときには、1枚だけするのではなく多めに紙を用意して技法あそびを楽しんでから、乾かしてそのうちの1枚を使うようにします。

◀ P.55

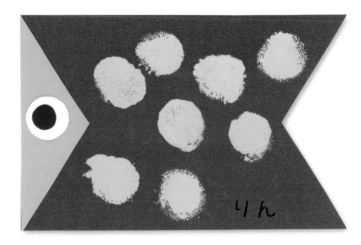

りん

Step

平面に
ポンポン

技法😊 P.31

たんぽでポンポン
こいのぼり

思い思いにたんぽで遊んでみましょう。
しっぽの切り取った部分は、他のこい
のぼりの顔に使えるところがポイントです。

[用意するもの]
・色画用紙（こいのぼり形）
・丸シール

●作り方

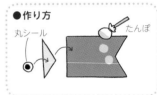

丸シール　　　　たんぽ

Step

テープを
好きに貼ろう

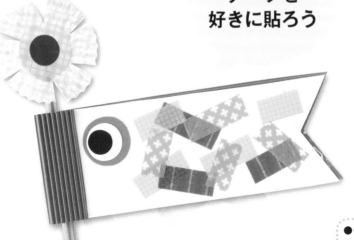

貼る🎀 P.10

ペタペタマステの
こいのぼり

ポール付きで持ち帰りにもピッタリの
こいのぼり。マスキングテープでカラ
フルに彩ります。

[用意するもの]
・紙パック（こいのぼり形）
・マスキングテープ
・色画用紙（目形）
・片段ボール（適当な大きさ）
・包装紙（棒状）
・おかずカップ（切り込みを入れ、
　中央に丸シールを貼る）

●作り方

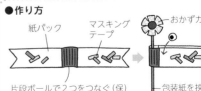

紙パック　　マスキング
　　　　　　テープ　　　　おかずカップ

片段ボールで2つをつなぐ（保）　　包装紙を挟んで
　　　　　　　　　　　　　　　　両面テープで
　　　　　　　　　　　　　　　　留める（保）

初級編

貼る P.10

カラフルマラカス

自分で作ったものを振って楽しもう♪

Step **シールの
大きさや色を
選んで貼る！**

[用意するもの]

・乳酸菌飲料のボトル ・マスキングテープ
・ビーズ ・丸シール

●作り方

入れる ← ビーズ
乳酸菌飲料
のボトル

マスキング
テープ(保)

丸シール

Point

中のビーズの誤飲を防ぐためにキャップはしっかりと閉め、テープで留めておきます。

わぁ、ビーズが入ったね！

初級編

いっぱい
入れたよ

振って
遊べる♪

シールは、大小用意するとリズム感が出ます。

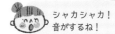

シャカシャカ！
音がするね！

Step

絵の具の感触を
味わいながら…

技法 P.31

指スタンプいちご

数色の絵の具を用意すると、個性いっぱいのイチゴになりますね。

●作り方

パンチ穴（保）

指でスタンプする

マスキングテープ（保）

穴にモールを通して留める（保）

[用意するもの]
・色画用紙（イチゴ・ガク・葉・花形）
・モール
・マスキングテープ

描く ✐ P.22

ぐるぐる ミキサージュース

ミキサーのつもりでぐるぐる線を描いて
みましょう。色の変化や線のおもしろさ
を楽しめるといいですね。

[用意するもの]
・色画用紙 (ミキサー形、○□)

●作り方

パス

わあ！ 色が混ざって
見えるね！

貼る 🐌 P.10

ゆらゆらシーソー

ゆらゆらと揺れてかわいらしい動物が
できあがります♪

●作り方

貼る

紙皿

[用意するもの]
・紙皿 (半分に折る)
・色画用紙
 (耳などのパーツ)

初級編

貼る ◎ P.10　描く ✏ P.22

つめつめカタツムリ

カラフルな殻のカタツムリの完成♪

初級編

[用意するもの]
・色画用紙 (葉・胴体形。胴体は折筋を付けておく)
・フラワーペーパー
・透明カップ
・丸シール

● 作り方
フラワーペーパー
入れる
透明カップ
口は、セロハンテープで十字に留める
丸シール
貼る(保)
乗せる

Step

技法の不思議を感じて

技法 ✂ P.31

はじき絵のアジサイ

白いパスが絵の具をはじいて現れる様子を楽しみながら作りましょう。

[用意するもの]
・画用紙 (アジサイ形)

● 作り方
白いパス

薄めに溶いた絵の具ではじき絵をする

しかけのあるお絵描き

片段ボールのガタガタとした感触や扉を開閉しながら
のお絵描きを楽しみましょう。

[用意するもの]
- 色画用紙(それぞれの仕掛けを貼る)
- 片段ボール

\ 扉を開けたり閉めたり /

\ 色が違って見えるね /

白と黒の土台の紙の違いで、パス
が見えたり隠れたりするよ。

\ 片段ボールででこぼこする /

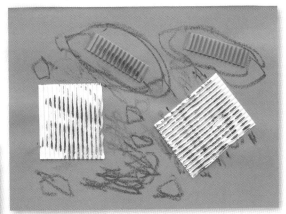

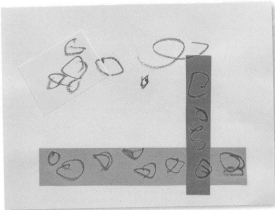

Step
いろいろな
なぐり描きを
楽しもう!

\ 貼っている形や色を意識する /

初級編

貼る P.10

つなごう
紙パックブロック

ものとものをテープで貼るのは難しいです。
保育者が補助しながら挑戦してみましょう。

[用意するもの]
・紙パック（3cmの輪切り）
・ビニールテープ

並べるだけでも
楽しいよ♪

洗濯ばさみで
つないでも！

ここをくっ付けて
みようかな

技法 🎴 P.31

にじみ絵で織り姫・彦星

ペンで描き、水を掛けてにじませ、楽しさ2倍です。
じんわり広がったペンの模様がかわいいですね。

[用意するもの]
・色画用紙（織り姫・彦星の体と顔）

● 作り方

貼る（保）

ペン

少し水を
掛けて、
にじませる

Step
異素材に
貼ってみよう

技法 🎴 P.31

とんとんスタンプで
つなぎ飾り

濃い色の色画用紙に白色のスタンプが映えて
きれいですね。

[用意するもの]
・色画用紙（○□）
・紙テープ
・乳酸菌飲料の空き容器

● 作り方

スタンプ
する

貼る（保）

紙テープ

Step
身近な素材で
スタンプ☆

貼る 🐌 P.10

ペタペタ
お星さま

青のカラーポリにキラキラ
色紙を貼ると、天の川のよ
うでキレイですね。

[用意するもの]
・色画用紙（星形）
・カラーポリ（台形に、両面テープを貼る）
・キラキラ色紙（小さく切る）

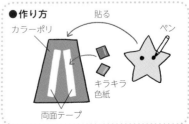

● 作り方

貼る

カラーポリ

ペン

キラキラ
色紙

両面テープ

貼る P.10

ペタペタおばけ

おばけに色とりどりのマスキングテープ
と透明色紙を貼りましょう。透明色紙の
透け感が涼しげですね。

[用意するもの]
・色画用紙 (おばけ・手形)
・透明色紙 (○に両面テープを貼る)
・マスキングテープ

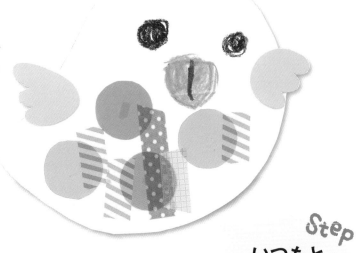

●作り方

Step

いつもと
素材を
変えてみて

貼る P.10 | 描く P.22

くしゅくしゅ丸めて
アイスクリーム

フラワーペーパーを丸めて盛り付けると、おいしそうなアイス
クリームに。なぐり描きをしたウエハースがアクセントです。

[用意するもの]
・器 (透明カップに一口ゼリーの容器を両面テープで貼り付ける)
・丸シール
・段ボール板 (ウエハース形)
・フラワーペーパー
・木製スプーン (写真を貼る)

●作り方

貼る P.10

ふんわりおさかな

フラワーペーパーを思い思いに
詰めて、色とりどりの色紙・柄
色紙でウロコを飾ります。

[用意するもの]
- ポリ袋(両面テープを貼る)
- フラワーペーパー
- 色紙(細長く切る)
- モール
- 丸シール

初級編

Step 異素材に 貼ってみよう

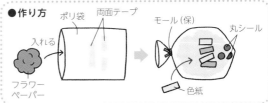

●作り方
ポリ袋　両面テープ　　モール(保)　丸シール
入れる
フラワーペーパー　　色紙

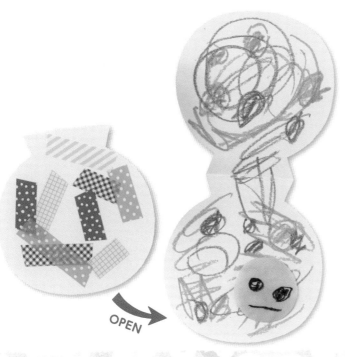

OPEN

貼る P.10　**描く** P.22

ペタペタ真珠貝

開いたり閉じたりして、楽しみながら
作りましょう。

[用意するもの]
- 色画用紙(半分に折って貝形に切る)
- オーロラ色紙(○)
- マスキングテープ

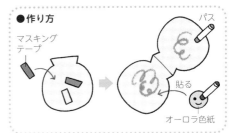

●作り方
マスキングテープ　　パス
貼る
オーロラ色紙

貼る P.10　技法 P.31

スタンプのひまわり

綿棒でのスタンプを楽しんだら、丸めたフラワーペーパーを自由に貼ってみましょう。

[用意するもの]
- 色画用紙（花用：□、中央：○、葉形）
- フラワーペーパー

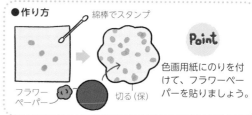

●作り方

綿棒でスタンプ

フラワーペーパー　切る（保）

Point

色画用紙にのりを付けて、フラワーペーパーを貼りましょう。

貼る P.10

紙皿のレターラック

丸シールとマスキングテープを貼ると、かわいいレターラックに。紙皿を貼り合わせるだけでできあがります。

[用意するもの]
- 紙皿
- 丸シール
- ひも
- マスキングテープ
- 色画用紙
 （ピンキングバサミで切って写真を貼る）

●作り方

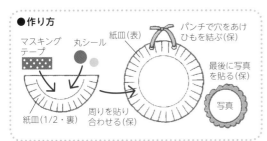

マスキングテープ　丸シール　紙皿(表)　パンチで穴をあけひもを結ぶ(保)

最後に写真を貼る(保)

紙皿(1/2・裏)　周りを貼り合わせる(保)

写真

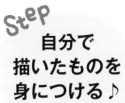

Step
自分で
描いたものを
身につける♪

[用意するもの]
- 色画用紙（適当な大きさ）
- ストロー（適当な長さ）
- ビーズ
- ひも
- マスキングテープ

技法 P.31

はじき絵飾りの
ネックレス

自分で作ったはじき絵を使ってネックレスを作り、身に着けて楽しみましょう。

●作り方

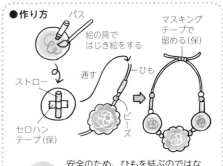

パス

絵の具ではじき絵をする

ストロー

通す　ひも

セロハンテープ(保)　ビーズ

マスキングテープで留める(保)

Point　安全のため、ひもを結ぶのではなく、マスキングテープで留めるといいですね。

えのぐの
ぬりぬり
アート

まなみ

あい

けんたろう

描く✎ P.22

ぬりぬりアート

絵の具を使って段ボール板を思い思いに
塗ってみましょう。同系色でまとめると、
きれいな色合いになりますよ。

[用意するもの]
・段ボール板（○△□）

●作り方

絵の具を塗る

木工用接着剤
で貼る

Point

子どもと一緒に木工
用接着剤で段ボール
板をつなぎましょう。

Step

絵の具に
親しもう！

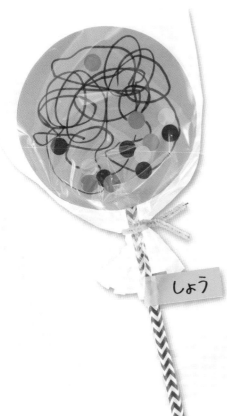

貼る P.10　描く P.22

ペタペタ＆
ぐりぐりキャンディ

丸シールを貼ったりペンでなぐり描きをしたりすると、
カラフルでかわいいキャンディのできあがりです。

[用意するもの]
・色画用紙
　（○、名札）
・丸シール
・ラッピング袋
・モール
・ストロー

●作り方

貼る P.10　描く P.22

ピザ作りに挑戦！

絵の具でピザソースを塗って、色画用紙や果物ネットなどの
野菜をトッピング！　厚みがあるのでしっかりとしています。

Step

本物に
見立てて

[用意するもの]
・段ボール板（○）
・色画用紙（○、輪）
・果物ネット（適当な大きさ）

●作り方

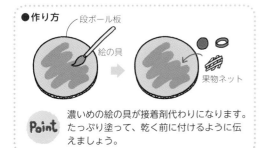

Point 濃いめの絵の具が接着剤代わりになります。
たっぷり塗って、乾く前に付けるように伝
えましょう。

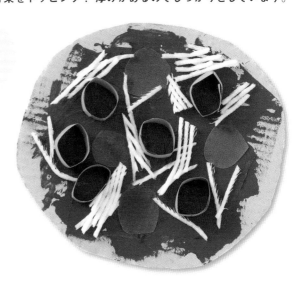

初級編

Step

絵の具の色数を
増やして
スタンプ！

技法 P.31

トントン葉っぱ

赤や黄色、茶色など、秋らしい色を使うと
GOOD！ 思い思いにたんぽを楽しんで
みましょう。

[用意するもの]
・色画用紙（葉形）

●作り方

たんぽ

貼る 🐌 P.10　切る ✂ P.16

おしゃれバッグ

色紙やフラワーペーパーなど、思い思いに飾り付けてマイバッグを作りましょう。

初級編

Step
はさみで
チョッキン！
一回切り

切る ✂ P.16

ごちそう作り

一回切りした色画用紙とフラワーペーパーをランチパックに詰めて、ごちそうの完成♪

[用意するもの]
- 色画用紙（帯状）
- フラワーペーパー
- ランチパック
- 丸シール
- 輪ゴム
- 透明の空き容器
- おかずカップ

[用意するもの]
- 紙袋
- 色画用紙（♡、帯状）
- 色紙（帯状）
- フラワーペーパー

●作り方

ランチパック
フラワーペーパー
入れる
丸シール
輪ゴムで留める（保）
おかずカップ
空き容器

●作り方

フラワーペーパー
貼る
色紙や色画用紙
貼る

Point 白いハートの台紙に貼ってから、紙袋に貼りましょう。

貼る 🐌 P.10　切る ✂ P.16

おしゃれブレスレット

自分だけのブレスレットがうれしいですね♪

[用意するもの]
- 色画用紙（帯状）
- ペーパー芯

●作り方

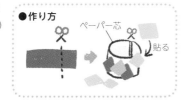

ペーパー芯
貼る

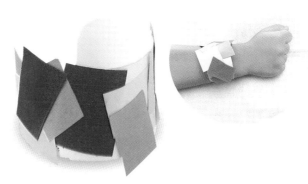

貼る P.10

あったか素材の手袋

フェルトや毛糸、羊毛フェルトを貼った
手袋は、とっても暖かそう!

[用意するもの]

- 色画用紙 (手袋形に、両面テープを貼る)
- フェルト (○△□)
- 毛糸 (適当な大きさ)
- 羊毛フェルト

●作り方
両面テープ
羊毛フェルト
フェルト
毛糸
毛糸 (保)

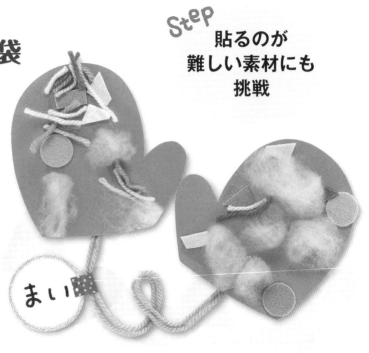

Step
貼るのが
難しい素材にも
挑戦

まい

貼る P.10

ナチュラルな壁掛け

ナチュラルカラーがボタンや布などの手芸素材
と合いますね。リボンやマスキングテープなど
も合わせてコラージュふうに作ってみましょう。

[用意するもの]

- 段ボール板
- レース
- 布
- リボン
- ボタン

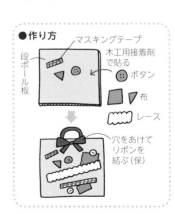

●作り方
マスキングテープ
木工用接着剤で貼る
段ボール板
ボタン
布
レース
穴をあけて
リボンを
結ぶ (保)

Step
接着剤で
貼ってみよう

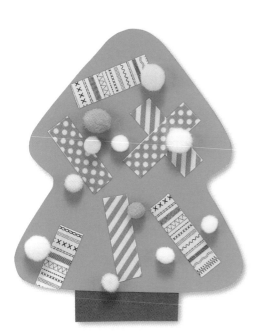

貼る | P.10

ふわふわツリー

ボンテンとマスキングテープでツリーをカラフルに
飾り付けます。ボンテンの色を淡くすると優しく、
ビビッドにすると元気なイメージになります。

[用意するもの]
・色画用紙（ツリー・幹形）　・ボンテン　・マスキングテープ

●作り方

マスキングテープ

木工用接着剤
で貼る

ボンテン

貼る（保）

貼る | P.10

つめつめオーナメント

フラワーペーパーやセロハンを詰めるだけで、
きれいなオーナメントのできあがり。

●作り方

フラワー
ペーパー

カラー
セロハン

ペーパー芯

セロハンテープ

穴をあけ、
リボンを通し、
星を貼る（保）

[用意するもの]
・ペーパー芯（3cm幅）
・フラワーペーパー
・カラーセロハン
・色画用紙（星形）
・リボン

Step
テープでつないで
形にする

スタンプの形を変えて

技法 P.31

スタンプ雪だるま

星形のスタンプがかわいい雪だるま。いっぱい押す子ども、しっかり押す子どもなど、それぞれの個性が出ますね。

[用意するもの]
・色画用紙（大小の○、手形、顔のパーツ）
・片段ボール（帽子、星形スタンプ）

●作り方

貼る
貼る
スタンプする

〈星形スタンプ〉

中にティッシュペーパーを詰めると、形崩れしにくくなります。

初級編

技法 P.31

靴下のプレゼント入れ

はじき絵を繰り返し楽しみましょう。小さい紙を使うので、たくさん作れますね♪

[用意するもの]
・色画用紙（靴下形、適当な大きさ）
・モール
・クリアフォルダー（適当な大きさ）
・マスキングテープ

●作り方

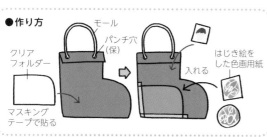

モール
パンチ穴（保）
クリアフォルダー
マスキングテープで貼る
入れる
はじき絵をした色画用紙

小さな紙にはじき絵！

様々な手法を
取り入れて

貼る 🎞️ **P.10** **描く** ✏️ **P.22**

ペタペタ絵馬

丸シールやマステ、ストローなどを貼ったり、
なぐり描きをしたり。

[用意するもの]

・工作紙（絵馬形に、両面テープを貼る）
・丸シール
・色画用紙（○□）
・マジックロープ（適当な長さ）
・ストロー（適当な長さ）
・ひも
・マスキングテープ

●作り方

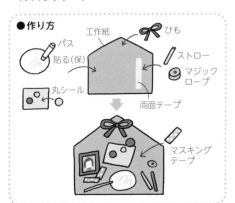

貼る P.10　描く P.22

ぬりぬりぺったんだるま

思い思いにスポンジで絵の具を塗ってみましょう。赤やオレンジ、ピンクなど、暖色系を使うと、華やかになりますね。

[用意するもの]
- 段ボール板（だるま形）
- 色画用紙（顔形）
- フラワーペーパー
- カラーセロハン（適当な大きさ）

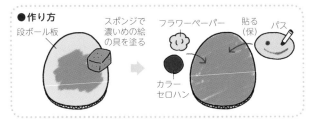

●作り方
段ボール板　スポンジで濃いめの絵の具を塗る　フラワーペーパー　貼る（保）　パス
カラーセロハン

Step
筆以外でも
絵の具を楽しもう

Step
どれを貼るか
選ぶ

ペンのおえかきたのしかったよ　はると

描く P.22

ペン de かきかき壁飾り

たくさん描くことを楽しみましょう。紙は、はがきサイズを目安に用意すると描きやすいですね。

[用意するもの]
- 色画用紙（適当な大きさ）
- 段ボール板（2枚を組み合わせて貼る）

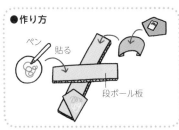

●作り方
ペン　貼る　段ボール板

初級編

貼る P.10

ふわふわ鬼さん

フラワーペーパーや丸シール、
ボトルキャップなどいろいろ
な素材を貼って鬼さんに。

[用意するもの]
・工作紙（○に、両面テープを貼る）
・色画用紙（ツノ形）
・フラワーペーパー
・ボトルキャップ（丸シールを貼り、裏に両面テープを貼る）
・丸シール
・ビニールテープ
・ベルト

●ベルトの作り方(保)

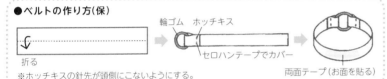

折る　　　　　　　　　　　　　輪ゴム　ホッチキス
　　　　　　　　　　　　　　　　セロハンテープでカバー
※ホッチキスの針先が頭側にこないようにする。
　　　　　　　　　　　　両面テープ（お面を貼る）

●作り方

両面テープ
工作紙
フラワーペーパー
ボトルキャップ
ビニールテープ
丸シール

貼る P.10

ペタペタ鬼ぼうし

丸く切った色紙や柄付き色紙の装飾で、
帽子をかわいくします。思い思いに楽
しく貼ってみましょう。

[用意するもの]
・封筒　・色画用紙（ツノ形）　・色紙（○）

●作り方

封筒　　　マチを作って貼る(保)
折り上げる(保)
貼る
色紙

Step
のりでたくさん
貼ろう

こうすけ

貼る P.10　描く P.22　破る P.30

具だくさんカレー

具材に見立てた素材を貼っていきます。
どんなカレーができあがるのか楽しみですね。

[用意するもの]

- 色画用紙(鍋・鍋蓋・おたま形)
- 色紙(鍋敷き形)
- 画用紙(鍋の中の台紙)
- 色紙
- フラワーペーパー

●作り方

濃いめの絵の具　破った色紙　フラワーペーパー　貼る(保)

初級編

貼る P.10

何に見えるかな?

手で貼りたい紙を押さえながら、テープで貼る
ことに挑戦してみましょう。自由に貼って何が
できるか、できあがった形を楽しみましょう。

●作り方

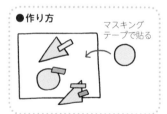

マスキングテープで貼る

[用意するもの]

- 色画用紙(台紙、○△)
- マスキングテープ

Step

**テープで紙を
貼ってみよう**

貼る P.10　切る P.16

ペタペタ
小物入れ

拾った自然物や大切な小
物類など…中に何を入れ
ようかな?

[用意するもの]

- 紙コップ
- 色紙(帯状)
- 丸シール
- モール(2本をねじる)

●作り方

モール　パンチ穴(保)
色紙　貼る　紙コップ　丸シール

Step

3色使って
トントン、
スースー♪

技法 🎀 P.31

バレンタインの
贈り物♡

3色から自分の好きな色を選んでたんぽを
しましょう。大好きな人に伝えたい分だけ
たくさんたんぽができるといいですね。

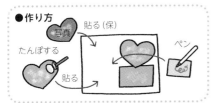

●作り方

貼る（保）
写真
たんぽする
貼る
ペン

[用意するもの]
・色画用紙（台紙、♡□）

初級編

Step

筆で
にじませよう！

技法 🎀 P.31

カラフルセーター

服ごとにペンの色を2～3色に限定して描
くときれいにできます。たくさん作って服
屋さんができそうですね。

[用意するもの]
・色画用紙（服形）

●作り方
水性ペン
薄く溶いた絵の具で
にじませる

Step

顔や冠も自分で
貼ってみよう

貼る⚙ **P.10**

マステのおひなさま

マスキングテープを貼るだけで、
グッと華やかなおひなさまに。

[用意するもの]
- 色画用紙 (顔・体・烏帽子形)
- 色紙 (金：冠形)
- マスキングテープ

● 作り方

貼る　パス　貼る

マスキングテープ

貼る⚙ **P.10**

パペットおひなさま

思い思いに貼った丸シールから、子どもの個性
が光ります♪ 手にはめて、やり取りを楽しめ
るといいですね。

[用意するもの]
- 色画用紙 (顔・烏帽子・冠形)
- 封筒 (端を切り落とす)
- 丸シール

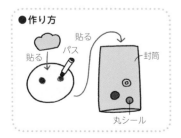

● 作り方

貼る　貼る　パス　封筒

丸シール

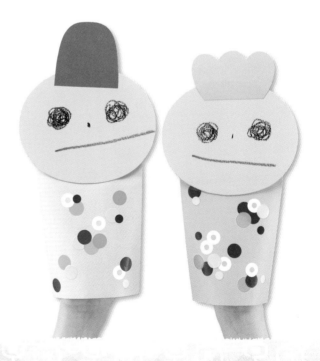

形を考えながら貼る

貼る P.10

いろんな素材をペタッ☆あおむし

色紙や透明色紙、マスキングテープなど、いろいろな素材に触れながら貼っていくことができます。

●作り方

クリアフォルダー
一面にスティックのりを塗る（保）
色紙
貼る
透明色紙
穴をあけ、リボンを結ぶ（保）
ペン
閉じて、周りをマスキングテープで留める

[用意するもの]
・クリアフォルダー（短い辺を切り開く）
・色紙（○）
・透明色紙（適当な大きさ）
・色画用紙（顔・触覚形）
・リボン
・マスキングテープ

描く P.22

ぐるぐるお花

力強く描けるかな？

パスの持ち方をチェックしてみましょう！
しっかり握って力強く描けるように援助します。

ななみ

●作り方

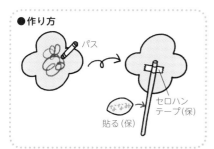

パス
ななみ
貼る（保）
セロハンテープ（保）

[用意するもの]
・色画用紙（花・葉形）
・ストロー

のりで
思い思いに

初級編

貼る P.10

ペタッと
カラフルたまご

丸や三角・四角の色紙を、のりを使って思
い思いに貼ってみましょう。パステル調で
まとめると、優しい雰囲気になります。

［用意するもの］
・色画用紙（卵形）
・色紙（○△□）
・モール（巻いて、先に名札を付ける）

●作り方

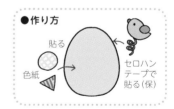

貼る

色紙

セロハン
テープで
貼る（保）

片段ボールのフォトフレーム

巻いた片段ボールを立てたり寝かせたりして
貼ります。カラフルな仕上がりに。

[用意するもの]
・段ボール板(中央を切り抜く)
・クリアフォルダー(段ボール板の穴より一回り大きく切る)
・片段ボール(細長く切って巻く)
・リボン

凸凹しているのを貼るのが難しい!

初級編

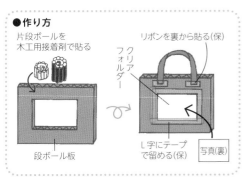

●作り方
片段ボールを木工用接着剤で貼る
リボンを裏から貼る(保)
クリアフォルダー
L字にテープで留める(保)
写真(裏)
段ボール板

指スタンプのカード

指スタンプしたものがそのまま花の模様に。
子どもの一生懸命な姿が思い浮かびますね。

[用意するもの]
・色画用紙(スタンプ用、カード:花形を切り抜く、葉形)

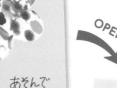

ゆいとくんへ

あそんでくれてありがとう

OPEN

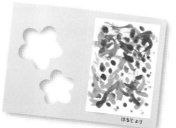

はるとより

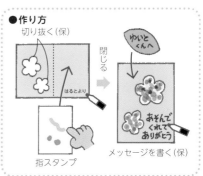

●作り方
切り抜く(保)
閉じる
はるとより
指スタンプ
ゆいとくんへ
あそんでくれてありがとう
メッセージを書く(保)

中級編

3歳児

発達の様子

生活で必要な言葉がほぼ理解できるようになり、自分からも伝えることができるようになります。

友達と関わる中で相手の気持ちを知ろうとする様子が見られます。

絵本などのストーリーも理解して、遊びに取り入れられるようになってきます。

大人のまねをして遊んだり、簡単なルールを守ったりできるようになってきます。

これまでの経験や月齢の差が大きいときです。手先の器用さもまちまちですが、徐々にその差は小さくなっていきます。

後半になってくると保育者の言葉をきっかけにグループ活動も始まり、仲間意識も芽生え始めます。

 情緒、 人間関係、 手指　の発達について記載しています。

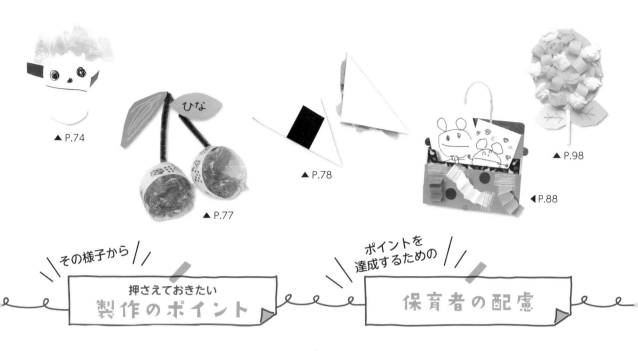

▲ P.74

ひな

▲ P.77

▲ P.78

◀ P.88

▲ P.98

その様子から

押さえておきたい
製作のポイント

ポイントを
達成するための

保育者の配慮

★基本的な使い方を身につけよう

はさみ、パス、のりなどの基本的な使い方を楽しみながら身につけていく大切な時期です。簡単な折り紙などもできるようになってきます。そのような機会を設けましょう。

◀ P.81

★おもしろいと思えるような経験を

初めて習ったことは印象深く、記憶に残ります。技術的なことも大切ですが、保育者が、素材や道具を大切に扱う姿や、おもしろいと感じる経験を子どもの心に残せるようにしましょう。

◀ P.75

▲ P.87

★素材は多めに

素材を用意するときは、好きな色などが選べるように多めに用意しましょう。使いやすい大きさに切っておき、複数の素材を使うときは、分かりやすいように使う順に出します。

★はさみは…

はさみを渡すときは、一人ひとりに声を掛けながら丁寧に配ります。3歳児の場合、使った後は、お道具箱には入れずに保育者がまとめて預かる場合が多いです。

★保護者も一緒に

保育室や、玄関ホールに、できた作品を飾って、保護者にも見てもらいましょう。子どもの作品を通して保育者と保護者がつながることができますね。

▲ P.90

★作ることを楽しもう

気付いたことやできたことを共に喜び、作ることの楽しさを味わいましょう。

73

まずは、作ったもので遊んでみよう！

「こんにちは」

手にはめてお話ししましょう。

貼る P.10

封筒パペット

封筒に耳や手を付けるだけでかわいい
封筒パペットのできあがり。

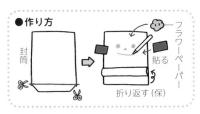

●作り方

封筒 / 折り返す(保) / 貼る / フラワーペーパー

[用意するもの]
・封筒
・色画用紙(いろいろなパーツの形)
・フラワーペーパー

Step 立体を
テープで貼る

貼る P.10　折る P.28

カチカチカスタネット

厚紙にボトルキャップを貼って、カスタネットを
作りましょう。カチカチ優しい音がしますよ。

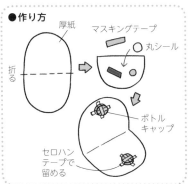

●作り方

厚紙 / マスキングテープ / 丸シール / 折る / ボトルキャップ / セロハンテープで留める

[用意するもの]
・厚紙(楕円形)
・マスキングテープ
・丸シール
・ボトルキャップ

貼る P.10　描く P.22

洗濯機を回そう

○△□の色紙をスイッチに見立てて「ポチッ」。スタートしたら、洗濯機が回るイメージでぐるぐる～と描いて楽しみましょう。

[用意するもの]
・白画用紙（ハツ切）
・色紙（○△□、洗濯物形）

●作り方

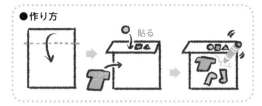

 Step

見立てながらの
線描き

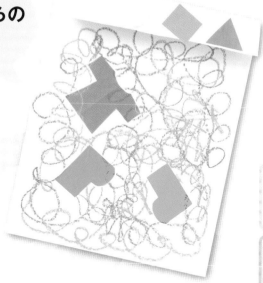

Step

色の丸に
白を重ねて

描く P.22

ミルク味のキャンディ

ビン形の画用紙にキャンディを入れるつもりで、丸をしっかり描きましょう。何味のキャンディがあるのかな？

[用意するもの]
・色画用紙
　（ビン・蓋形）

●作り方

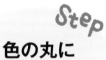

中級編

貼る 🐌 P.10　切る ✂ P.16

チョッキンこいのぼり

細長い色紙で一回切りに挑戦！
はさみで切ることを楽しみながらしっかりと
のりで貼りましょう。

[用意するもの]
・色画用紙
　（こいのぼり形、目）
・色紙（帯状）

●作り方

一回切りした
色紙

中級編

技法 🎀 P.31

デカルコマニーこいのぼり

絵の具の混色や、対照的に広がる模様がおもしろい技法です。
何色を使うか、どのように絵の具を垂らすか考えるのもいいですね。

[用意するもの]
・色画用紙（半分に折って
　こいのぼり形に切る、目）

●作り方

片側に絵の具を垂らす

折り筋　スプーン

濃いめの絵の具

閉じる

手のひらでこする

開いて乾かす

筒状にしてのりで貼り合わせる

折る

貼る P.10

ぷっくりサクランボ

筒の中につめつめ…。
かわいいサクランボのできあがり♪

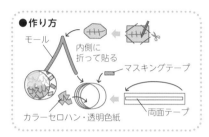

●作り方

モール
内側に折って貼る
マスキングテープ
カラーセロハン・透明色紙
両面テープ

[用意するもの]
・色画用紙(帯状に両面テープを貼る、葉用)
・透明色紙やカラーセロハン(適当な大きさ)
・モール
・マスキングテープ

ひな

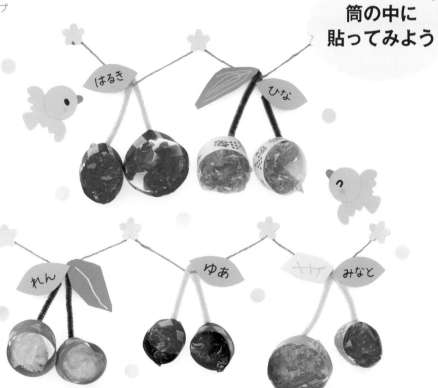

Step

筒の中に
貼ってみよう

はるき
ひな
れん
ゆあ
みなと

技法 P.31

にじみ絵のイチゴ

ぷっくりとしたイチゴは、元気いっぱい
でおいしそう！

[用意するもの]
・コーヒーフィルター
・色画用紙（ヘタ形）
・ティッシュペーパー

●作り方

コーヒー
フィルター

水性ペン

霧吹き

乾かす

ティッシュ
ペーパー

パスで顔と
種を描く

折る P.28

サンドイッチとおにぎり

好きな具材を詰め込んで、
たくさんのサンドイッチ
とおにぎりを作りましょ
う。箱に入れてお弁当に
してもいいですね。

Step
半分に
「折って」
作ろう！

[用意するもの]
・色画用紙（□、のり用）
・フラワーペーパー
（適当な大きさ）

中は…

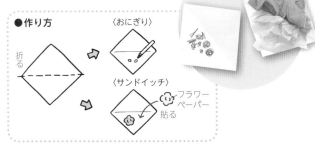

●作り方

折る

〈おにぎり〉

〈サンドイッチ〉

フラワー
ペーパー
貼る

貼る P.10

カラフルな小物入れ

何を入れようかな？
キャンディを作って入れてもかわいいですよ。

●作り方

モール

貼る

パンチ穴（保）

[用意するもの]
・紙パック
（底部分のみ）
・色紙
（適当な大きさ）
・モール

ペタペタてるてる坊主

てるてる坊主の顔は、少しずつ角を切り落としながら丸くするように伝えましょう。

おしゃれな服のてるてる坊主を飾って梅雨を
吹き飛ばしましょう！

[用意するもの]
・色画用紙(顔・体用：□)　・丸シール
・おかずカップ　　　　　　・モール

●作り方

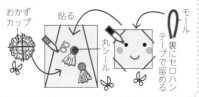

おかずカップ
貼る
丸シール
モール
裏にセロハンテープで留める

Step

「連続切り」
「シールで留める」
ことに挑戦！

中級編

Step

破って丸を
作る

貼る P.10　破る P.30

カラフルカタツムリ

組み合わせを自由に考えられるように柄色紙
を十分に用意しましょう。個性豊かなカタツ
ムリがたくさんできそうですね♪

●作り方

紙皿
フラワーペーパー
ちぎった柄色紙

[用意するもの]
・紙皿
・色画用紙(胴体・ツノ用：帯状)
・フラワーペーパー
・柄色紙(適当な大きさ)

ふた付き小物入れ

丸や三角、四角の模様がかわいい小物入れ。
子どもが楽しんで貼っている姿が目に浮かびます。

[用意するもの]

- 透明カップ (1つは両面テープを貼る)
- 布 (○)
- 厚紙 (透明カップの口のサイズの○)
- エスタイ
- 色画用紙 (適当な大きさ)
- セロハン (適当な大きさ)
- 柄色紙 (適当な大きさ)
- 色画用紙 (○)

●作り方

エスタイでねじって留める(保)　かぶせる　透明カップ　入れる　透明カップ

布　包む　厚紙

色画用紙
セロハン
柄色紙

両面テープ

両面テープで貼る(保)

Step

貼りにくい土台に貼ってみる

三角とんがり帽子

自分で作ったマイ帽子をかぶることを想像して、楽しみながら作りましょう!

[用意するもの]

- 紙皿 (切り込みを入れ、円すい形にする)
- 丸シール
- 柄色紙 (○)
- スズランテープ (ポンポンにする)
- 平ゴム

●作り方　先を入れて、裏からテープで留める

ポンポン

柄色紙

丸シール

パンチ穴(保)

平ゴム

たくさん作って
「のり」名人に
なろう

中級編

貼る | P.10

ペーパー芯の積み遊び

積んだり並べたりを楽しみましょう。
顔のパーツなどを加えると遊び方が変化します。

●作り方

貼る

ペーパー芯
に色紙を
巻く

※ペーパー芯は、トイレットペーパーや
キッチンペーパーの芯を使います。直
径が同じ大きさのものを選びましょう。

[用意するもの]
• ペーパー芯 (高さ3㎝と6㎝に切る)
• 色紙 (3㎝と6㎝幅に切る)
※色紙は、断裁機などを使い、なるべく
　真っすぐに切りましょう。

いろいろな素材で

アルミホイル

千代紙

丸シール

マスキング
テープ

のりを
ぬりぬり…

たくさん
積めるかな？

81

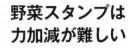

Step

野菜スタンプは
力加減が難しい

貼る P.10　技法 P.31

オクラスタンプの
織り姫と彦星

オクラ模様ですてきな着物を作りましょう。
しずく形でコロンとしてかわいいですね。

[用意するもの]
・オクラ
・色画用紙（着物：帯状、
　顔：□、冠・烏帽子形）
・マスキングテープ

●作り方

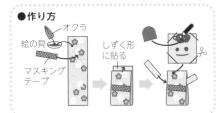

貼る P.10　折る P.28

変わり輪つなぎ

階段折りをした輪が星みたいでかわいい
ですね。たくさんつないでみましょう。

Step
輪っかを
作ろう

[用意するもの]
・色画用紙（幅2.5cm、長さ15〜20cm）

輪にする前に
階段折りをすると、
おもしろい形に！

●作り方

のり

Point

のりは少なめにして、
しっかり押さえましょう。

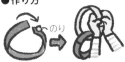

描く P.22

クリア風鈴

涼しげな風鈴の音色が夏の暑さを和ら
げてくれます。お気に入りの絵や飾り
で、自分だけの風鈴を作りましょう。

[用意するもの]
・クリアフォルダー　・鈴
・マスキングテープ　・色画用紙（魚形）
・ひも

魚形の色画用紙は、○
△□などを組み合わせ
て自由に作ってもいいですね。

●作り方

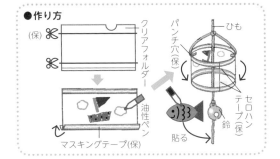

（保）　クリアフォルダー　油性ペン　パンチ穴（保）　ひも　セロハンテープ（保）　鈴　貼る　マスキングテープ（保）

海の仲間

貼る P.10　切る P.16

カラフルなお魚とタコです♪
いろいろな工夫をして、海の仲間を
もっともっと増やしてみましょう。

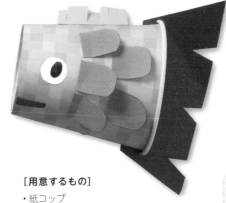

Step
ちょっと硬い
紙コップを
切る！

［用意するもの］
・紙コップ
・色画用紙
・丸シール

●作り方

丸
シール

挟む

カラフル☆おさかな

描く P.22

混ざってもきれいな2色の絵の具で混色を
楽しみながら作りましょう。

［用意するもの］
・紙皿（1/2）
・色画用紙（適当な大きさ）

●作り方

紙皿

指で絵の具
を塗る

パス

Step
絵の具の感触を
楽しんで

まるまるいっぱい
シャボン玉

園庭でシャボン玉を楽しんでから描くと、
いっそう楽しい活動に！

Step
筆で描いて
みよう！

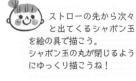

ストローの先から次々
と出てくるシャボン玉
を絵の具で描こう。
シャボン玉の丸が閉じるよう
にゆっくり描こうね！

[用意するもの]
・白画用紙（四ツ切）
・ストロー（適当な大きさ）

＼ テープで貼って… ／

大きい
シャボン玉と
小さい
シャボン玉
だよ！

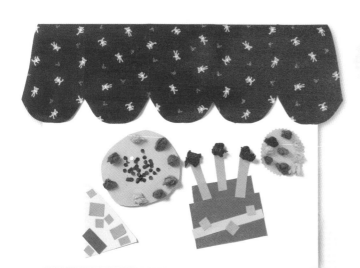

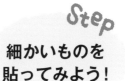

細かいものを
貼ってみよう！

貼る 🐌 P.10

ケーキ屋さん

いろいろな形のおいしそうなケーキが並んで
います♪ どのケーキを食べようかな？

[用意するもの]
・画用紙 (ハツ切)
・包装紙 (屋根形)
・色画用紙 (ケーキ用のいろいろな形)
・フラワーペーパー
・穴あけパンチで抜いた○

●作り方

フラワーペーパー
貼る
包装紙

パンチ穴の○

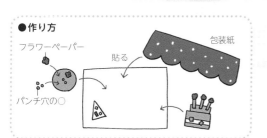

貼る 🐌 P.10　**描く** ✏️ P.22

イチゴのミルフィーユ

まるで本物のケーキみたい！ 絵の具を塗る工程も、
クリームを塗っているようで楽しんで作れますね。

●作り方

濃いめの絵の具
段ボール板
挟む
緩衝材
フワラーペーパー

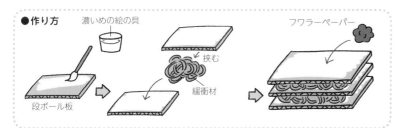

Step

絵の具の
ベタベタで
貼り付ける

[用意するもの]
・段ボール板 (適当な大きさ)
・フラワーペーパー
・緩衝材 (ペーパークッション)

初級編

中級編

貼る 🐌 P.10　描く ✏ P.22

カタカタ♪ フクロウさん

フクロウの写真や絵を見て
イメージを膨らませながら
描いても楽しいですね。

Step

カタカタとした
感触を楽しみ
ながら描こう

[用意するもの]
・片段ボール
・色画用紙
（足・顔などのパーツ）

●作り方

片段ボール

パス

中級編

貼る 🐌 P.10　技法 🎴 P.31

森のカラフルキノコ

カラフルな模様のキノコができました！
はじき絵の模様に子どもたちの個性が出ますね♪

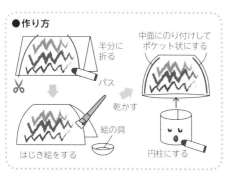

●作り方

半分に
折る

中面にのり付けして
ポケット状にする

パス

乾かす

絵の具

はじき絵をする

円柱にする

[用意するもの]
・画用紙

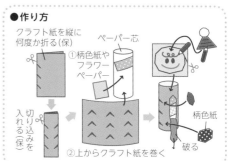

貼る 🐌 P.10　破る ✂ P.30

ビリビリ☆ カラフルミノムシ

クラフト紙や柄色紙などのミノを思い
思いに身に着けて暖かそうですね。

[用意するもの]
・クラフト紙　　　・色画用紙（適当な大きさ）
・柄色紙　　　　　・ペーパー芯
・フラワーペーパー

●作り方

クラフト紙を縦に
何度か折る（保）

ペーパー芯

①柄色紙や
フラワー
ペーパー

切り込みを
入れる（保）

②上からクラフト紙を巻く

柄色紙

破る

もむ P.29 **破る** P.30

おイモ、たくさん
掘れるかな？

畑へおイモ掘りに行くと、元気なサツマイモ
たちが顔を出しました。ティッシュケースか
らおイモを出したり入れたりして遊べます♪

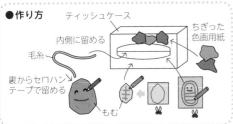

●作り方

ティッシュケース

内側に留める

毛糸

裏からセロハン
テープで留める

もむ

ちぎった
色画用紙

[用意するもの]
・ティッシュペーパーの空き箱
・色画用紙
・毛糸

Step
もんで質感を
出そう

中級編

テープで紙を
貼って留めよう

貼る ⊚ P.10 　描く ✐ P.22 　折る △ P.28

カラフルレターラック

できるようになった（貼る・折る・描くなど）
ことを詰め込んだレターラック。おうちの人に
プレゼントするのもいいですね。

中
級
編

[用意するもの]

・菓子箱　　・画用紙（菓子箱に入るサイズ）
・モール　　・丸シール
・紙テープ　・マスキングテープ

●作り方

菓子箱　　モール　　　　　　　　　丸シール

色画用紙　　　紙テープを
　　　　　　　マスキング
　　　　　　　テープで貼る

描く ✐ P.22

絵の具の
にじみ葉っぱ

絵の具が広がってにじんでいく
様子を楽しみましょう。同系色
の絵の具を使うといいですね。

[用意するもの]

・和紙

●作り方

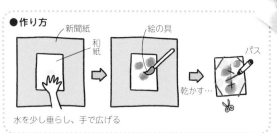

　　　　新聞紙　　　　　　絵の具　　　　　　　パス

　　　　和紙

水を少し垂らし、手で広げる　　乾かす…

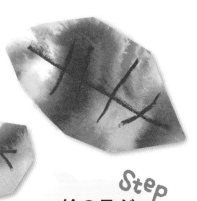

Step
絵の具が
にじむ様子を
楽しもう！

^{Step} 自然物を貼ってみよう

お散歩や園庭で子どもたちが拾った葉などを使って作りましょう。

貼る P.10

葉っぱのポケットでかくれんぼう

落ち葉などで作った森のポケットで生き物たちがかくれんぼうをしています。どこにどんな生き物が隠れているかな？

[用意するもの]
- 封筒
- 色画用紙（適当な大きさ）
- 小枝、落ち葉など
- 麻ひも
- マスキングテープ

●作り方

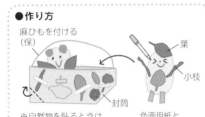

麻ひもを付ける（保）

葉

小枝

封筒

※自然物を貼るときは木工用接着剤やマスキングテープを使用します。

色画用紙と落ち葉や小枝を組み合わせる

中級編

貼る P.10

秋のプレゼント

小さな絵と一緒に飾るとプレゼントにもなりますね。

[用意するもの]
- ドングリ、マツボックリ、小枝など
- 板（台用）
- 紙粘土
- 麻ひも
- 色画用紙（適当な大きさ）

●作り方

結ぶ

枝

麻ひも

マツボックリ

差す

貼る

紙粘土

板

ドングリ

^{Step} 接着剤で立体的に貼ろう

自分で考えて自由に作ろう

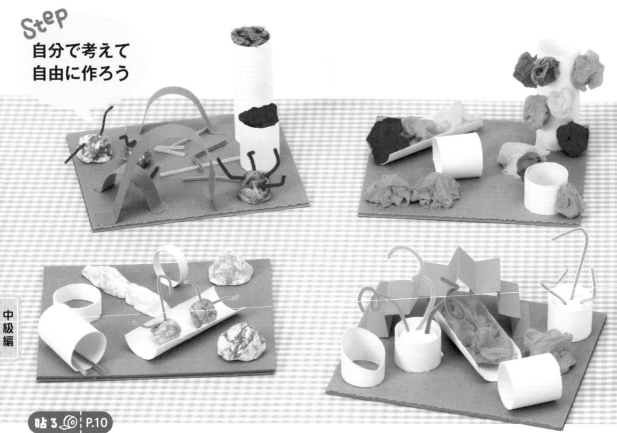

中級編

貼る 🐌 P.10

ペーパー芯を自由に飾って

様々な形に切ったペーパー芯を段ボール板に貼って自由に飾りましょう。副素材のモールやフラワーペーパー、紙粘土などはペーパー芯を貼り終わってから出すとスムーズです。

[用意するもの]

- ペーパー芯
  （いろいろな大きさに切る）
- 段ボール板
- フラワーペーパー
- モール
- 紙粘土
- 色画用紙（帯状）

ペーパー芯を付けて…

フラワーペーパーをぎゅっ！

●作り方

フラワーペーパー

ペーパー芯

紙粘土に水性ペンを塗って練り込む

モール

差し込む

紙粘土

木工用接着剤をたっぷり付ける

色画用紙

段ボール板

切る✂ P.16

チョキチョキたっぷりうどん

一回切りができるようになったら、連続切りをしてみましょう。たくさん切ったらどんぶりに入れてできあがり♪

[用意するもの]
・色画用紙（麺・具材用：□）
・発泡容器

●作り方

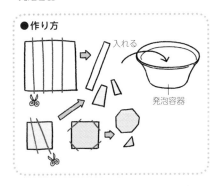

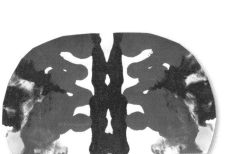

技法🧩 P.31

デカルコマニーきのこ

偶然できた模様を楽しみましょう。何枚か作って、お気に入りをキノコの帽子にするといいですね。

[用意するもの]
・色画用紙（デカルコマニー用：□、キノコの顔形）

●作り方

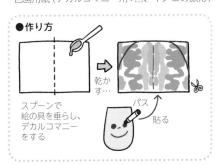

スプーンで
絵の具を垂らし、
デカルコマニー
をする

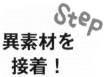

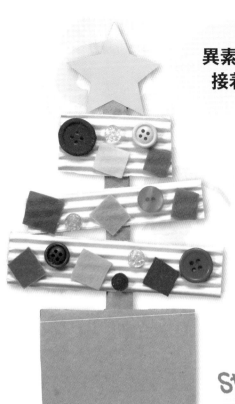

貼る P.10

ホワイトクリスマスツリー

白を使うことで、ちょっぴりおしゃれなツリーに。

[用意するもの]
・片段ボール
（白：3つの長さに切る）
・段ボール板
（適当な大きさ）
・ボタン
・フェルト（□）
・色画用紙（星形）

●作り方
片段ボール（白）
○ ボタン
段ボール板
■ フェルト
木工用接着剤
で貼る

Step
小さな紙で
何枚も作ろう

貼る P.10　技法 P.31

クリスマスリース

パスが絵の具をはじく不思議を感じなが
ら、何度も繰り返し楽しみたいですね。
はじき絵の飾りがカラフルでかわいい！

[用意するもの]
・画用紙（○）
・色画用紙
（葉形、土台：もんで
輪にする）
・リボン

●作り方
パス
絵の具
リボン（保）
乾いたら
貼る
土台

Step
ツルツルの
素材に描いて
みよう

描く ✐ P.22

天使さんからの
プレゼント

窓の外にはプレゼントを運ぶ天使たち！
色の透け感を楽しみながら外の景色を楽しみましょう。

中級編

●作り方

クリアフォルダー
やプラ板　　両面テープ

油性ペン

片段ボール

ボンテン
マジックロープなど

フラワーペーパー

[用意するもの]

- ・クリアファイルやプラ板
  （適当な大きさ）
- ・片段ボール（適当な大きさ）
- ・フラワーペーパー
- ・ボンテン
- ・マジックロープ（適当な大きさ）

93

Step
丸を
切ろう！

切る✂ P.16 | もむ🌀 P.29

雪だるま作ろう♪

カラフルな雪だるまをたくさん作りましょう。
子どもたちと同じように雪だるまにも暖かい
服を着せてあげましょう♪

[用意するもの]
・色画用紙 (大・中・小:□、帽子用)
・モール
・ボンテン
・小枝
・柄色紙

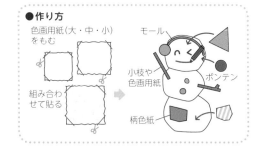

●作り方
色画用紙 (大・中・小)
をもむ

組み合わせて貼る

モール
小枝や
色画用紙
ボンテン
柄色紙

貼る🐌 P.10

まるまる絵馬

フワッと広がるフラワーペーパーを丸めて貼
ることが少し難しいです。ぎゅっとできずに
広がっても華やかな作品に仕上がりますよ。

[用意するもの]
・色画用紙 (絵馬のパーツ)
・フラワーペーパー
・リボン

●作り方
裏にリボンを貼る(保)
動物(干支)
やご飯を
描く
フラワーペーパー

Step
フラワー
ペーパーを
ぎゅっと丸めて
貼る

作ったもので遊ぼう

[用意するもの]
・段ボール板 (羽子板形)
・マスキングテープ
・千代紙 (○)
・色画用紙 (取手部分)

●作り方

マスキングテープ
段ボール板
貼る
千代紙
色画用紙

玉を大きめに
作ると遊びや
すくなります。

ビニール
テープ

新聞紙

中級編

貼る P.10

和柄の羽子板

お正月らしさいっぱいの羽子板です！
遊んだ後は、壁面に飾ってもいいですね。

Step

ちょっと難しい円すい作りに挑戦！

貼る P.10

まんまるだるまのつり飾り

立体感のあるおなかがかわいいだるまです。
おなかに貼る千代紙に個性が光ります。

[用意するもの]
・色画用紙 (○、顔用)
・千代紙
※クリアフォルダーを帯状に切り、穴をあ
　けて輪にしたものをひもに通して飾る

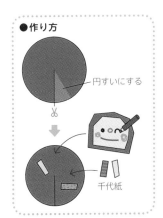

●作り方

円すいにする

千代紙

描く 🖊 **P.22**

絵合わせカード

子どもたちが描いたカードは大きさや
顔の形がちょっぴり違います。

[用意するもの]

・厚紙（適当な大きさ）

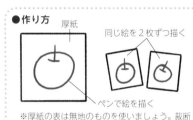

●作り方

厚紙

同じ絵を2枚ずつ描く

ペンで絵を描く

※厚紙の表は無地のものを使いましょう。裁断
　機で同じサイズに切っておくといいでしょう。

Step

同じものを
2つ描く

描く 🖊 **P.22**　**折る** △ **P.28**

描いて立てて

[用意するもの]

・白画用紙
　（適当な大きさ）

折って立てるだけの簡単にできる
人形です。たくさん作ってごっこ
遊びができるといいですね。

●作り方

折る　パス

Step

半分に折って
立てる

中級編

おしゃれパンツの豆入れ

カラフルな絵の具とパスでおしゃれなはじき絵のパンツに！ 自分で作った豆入れで豆まきをすれば、楽しさ倍増です♪

[用意するもの]
- ペットボトル (小さめ)
- フラワーペーパー
- 色画用紙
  (ペットボトルに巻くサイズ)
- 丸シール
- マスキングテープ
- リボン

●作り方

リボン(保)
(セロハンテープで貼る)

マスキングテープ

フラワーペーパー

小さめのペットボトル

丸シール

油性ペン

①パス
②絵の具

はじき絵をする

フラワーペーパー(両面テープで貼る)

Step

自分で選んだものでスタンプしてみよう

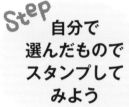

鬼のパンツはカラフルパンツ☆

様々な形のスタンピングで鬼のパンツを彩りましょう♪ みんなはどんな柄のパンツにする？

スタンプの作り方(保)

[用意するもの]
- 色画用紙 (パンツ形)
- 野菜
- 段ボール板
- 水風船

野菜スタンプ

レンコンは小さめのものを。
チンゲンサイは切った根元を使う

段ボールスタンプ

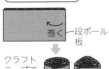

巻く ← 段ボール板

クラフトテープで留める

水風船スタンプ

水風船に水を少し入れて口を結ぶ

直接絵の具を付ける

Step 小さい輪を作る

貼る🐌 P.10
もこもこナノハナ

きれいな黄色のナノハナが咲き、
春の訪れを感じますね。

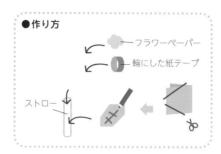

●作り方

フラワーペーパー
輪にした紙テープ
ストロー

[用意するもの]
・色画用紙
　（土台：○、葉用：□）
・紙テープ（適当な長さ）
・フラワーペーパー
・ストロー

Step 人を作ってみよう

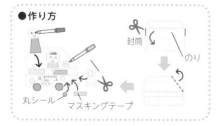

貼る🐌 P.10
切る✂ P.16
ワクワク！
ゴーカート

封筒の形を生かしてゴーカートに！　車に飾り付けを
したり、人形を出し入れしたりして楽しみましょう。

●作り方

封筒

のり

丸シール
マスキングテープ

[用意するもの]
・封筒
・色画用紙（適当な大きさ）
・丸シール
・マスキングテープ

技法🎭 P.31
カラフルつくし

図鑑や絵本でつくしを見てから作ってみま
しょう。たんぽの丸い模様がかわいいですね。

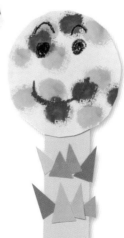

[用意するもの]
・色画用紙（○△□）

●作り方

たんぽをする

パス

両面テープを
貼っておく（保）

千代紙おひなさま

モモの花の下でお花見をしているおひなさま。
紙皿の周りの飾りは、カンタンだけど、それ
ぞれ個性が出ますね。

[用意するもの]
・千代紙（△）
・紙皿
・色紙（帯状：いろいろな大きさ、△）
・色画用紙
・片段ボール（ぼんぼりの軸）

Step
折って、
貼って、
切って…

●作り方

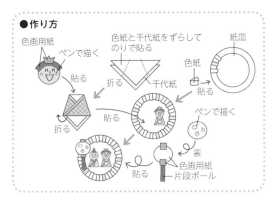

中級編

99

描く✏️ P.22

光る！　宝石作り

キラキラ光っている宝石がたくさん！
コンテで遊びながら描いてみましょう。

コンテの入り口！

指で引き出すようにこすると、光っているみたい！

中級編

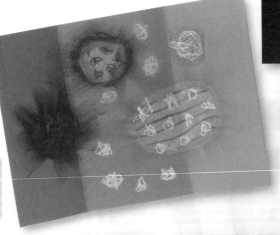

模様を描いたときは、こすらないほうがいいね。

●作り方

コンテで描く

折る　　指でこすって広げる

丸シール

コンテ

［用意するもの］
・色画用紙
・丸シール

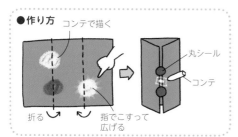

シールで宝石箱を閉めちゃった！

手も宝石になったよー！

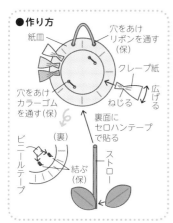

●作り方

紙皿

穴をあけ
リボンを通す
（保）

クレープ紙

穴をあけ
カラーゴム
を通す（保）

広げる

ねじる

（裏）

結ぶ（保）

裏面に
セロハンテープ
で貼る

ビニールテープ

ストロー

[用意するもの]
・クレープ紙　・ストロー
・カラー紙皿　・色画用紙（葉形）
・リボン　　　・カラーゴム

貼る P.10

お花の時間割表

明るい色合いのプレゼントが、気持ちも
明るくしてくれます。卒園するおねえさ
ん・おにいさんを思いながら作りましょう。

Step

ねじって
作ろう

中級編

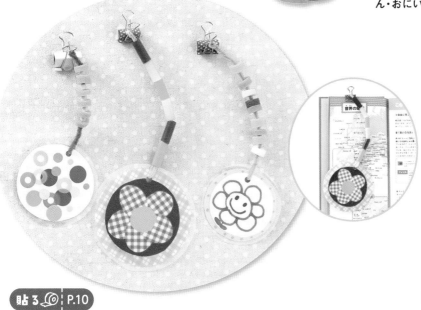

●作り方

柄色紙

・描く
・丸シールを
貼る
・色紙などで
コラージュ

ラミネートする（保）

ストローや
マジックロープ
を通す

ダブルクリップ
に通して
ねじる

パンチで穴を
あけ、モールを
通してねじる
（保）

[用意するもの]
・ダブルクリップ　・マジックロープ
・色画用紙（○）　（適当な大きさ）
・丸シール　　　　・モール
・柄色紙　　　　　・ラミネート
・ストロー
（適当な大きさ）

貼る P.10

カラフル
ダブルクリップ

しおりにも、紙を束ねるのにも使えます。
シール貼り、絵を描く、モチーフを作る
など、子どもに合わせて作りましょう。

上級編

4歳児

発達の様子

感情が豊かになってくるときです。なぜ悲しい気持ちやうれしい気持ちになったのかに気付き、他者に伝えることができるようになります。

競争心が芽生え、「私はこれを作りたい」「この役割がしたい」という強い気持ちに折り合いがつかず、ぶつかることもあります。

指先の力がついてきて、パスを力強く塗れるようになってきます。同時に、のりを塗る指先の力の入れ方や、はさみの持ち方など、基本的な道具の使い方も身についてきます。

自分の役割が決まると安心して、自信をもって行動できるようになります。

 情緒、 人間関係、 手指 の発達について記載しています。

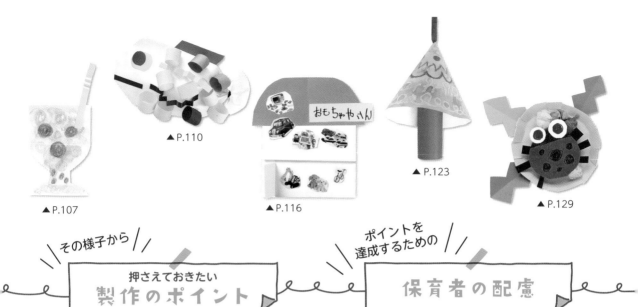

▲ P.107

▲ P.110

▲ P.116

▲ P.123

▲ P.129

その様子から

押さえておきたい
製作のポイント

ポイントを
達成するための

保育者の配慮

★パス、はさみをたくさん！

パスをしっかり塗る、はさみをたくさん使う活動などを取り入れたい時期です。しかし、まだ手先の発達が未熟な子どももいるので、無理強いをせず小さめの紙で繰り返すなど工夫をしましょう。

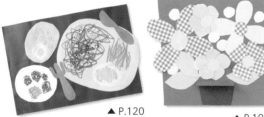

▲ P.120

▲ P.106

★紙を立体に

紙を立体にする方法などは、難しくてすぐにできない子どももいます。できないことで、嫌いにならないようにゆっくり丁寧に教えましょう。

P.108 ▶

★分かりやすい言葉で短く

伝えたい技法や方法は、分かりやすい言葉で、短く伝えます。実際にやって見せるときは、みんなによく見えているか確認しながら行ないましょう。

▲ P.105

★「自分でできた」を大切に

うまくできなくて悔しい思いをしている子どもがいたら、難しい部分だけを静かに手を添えて手伝いましょう。全部してしまうのではなく、子どもが自分でできたと思えるように援助します。

★手伝ってもらおう

共同で使ったペンの片付け、端紙などを色分けして整理するなど、お手伝いから学ぶことも多いですね。

★はさみにも慣れてくる

はさみなどの扱いにも慣れてくる頃です。保育者が一括して預かっていたはさみを子どものお道具箱に入れるようにしましょう。安全な持ち運び方なども伝えましょう。

▲ P.125

103

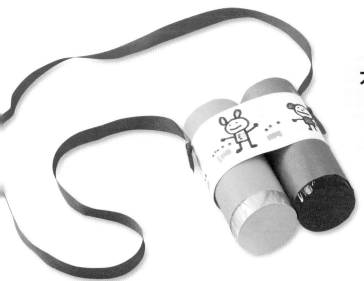

［用意するもの］
・ペーパー芯
・色紙
・カラーセロハン
・リボン
・画用紙

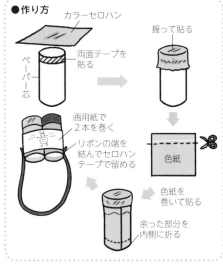

●作り方　カラーセロハン

両面テープを貼る

ペーパー芯

握って貼る

画用紙で2本を巻く

リボンの端を結んでセロハンテープで留める

色紙

色紙を巻いて貼る

余った部分を内側に折る

貼る P.10　描く P.22

ペーパー芯のカラーグラス

セロハンを通して見ることで、色が変わったり見えにくくなったり…。みんなでどんな遊び方ができるか考えよう!

上級編

消える!
マジック
グラス

丸シール

えが
きえた!

赤いセロハン

見ると…

※絵が消えるかどうかは事前に試してください。

ペンで描く

アリさんが
見える!

油性ペンでそっと描く

ビニール袋

つくえのうえにアリさんが!

貼る P.10　技法 P.31

染め紙こいのぼり

偶然できた模様を生かして、こいのぼりのうろこに！
友達のうろこと交換しても楽しいですね。

[用意するもの]
・色画用紙
・和紙
・モール

●作り方

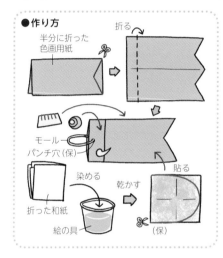

半分に折った色画用紙
折る
モール
パンチ穴（保）
折った和紙
染める
絵の具
乾かす
貼る
（保）

Step

**技法を使って
できる模様を
楽しもう！**

上級編

貼る P.10　技法 P.31

スクラッチこいのぼり

重ねて塗った下の色が出てくるのがおもしろいですよ。
いつもと違うお絵描きを楽しみましょう♪

[用意するもの]
・色画用紙
・画用紙（うろこ形）

●作り方　**土台**

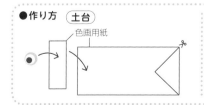

色画用紙

うろこ

薄い色を塗る
パスまたはクレヨン

濃い色で上から塗る

割り箸ペンで描く

ベビーパウダーを振りかけてなで、
ティッシュペーパーで拭き取る
（色が付くのを防ぐため）

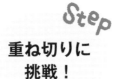

切る ✂ P.16　描く ✏ P.22

ひらひら
チョウチョウ

半分に折って切ると、左右対称の形が
できることを楽しみましょう♪

Step
重ね切りに
挑戦！

羽をチョキチョキ…

● 作り方

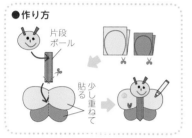

[用意するもの]
・色画用紙
　（適当な大きさ）
・片段ボール（長方形）

Step
4ツ折りの
重ね切り

上級編

貼る ◎ P.10　切る ✂ P.16

お花の貼り絵

同じ形を同時に4枚作ることができます。
花びらに見立てて、組み合わせを楽しもう！

[用意するもの]
・色画用紙（台紙、鉢形）
・色紙

● 作り方

4ツ折りの
色紙

貼る

色画用紙

Step
**まっすぐ
破ろう**

貼る P.10　破る P.30

ライオンペンダント

破った色画用紙を貼ってたてがみに！
破った紙を様々なものに見立てて楽しみましょう。

[用意するもの]
・色画用紙（顔・耳・鼻用、□）
・リボン

●作り方

リボン
セロハンテープで裏から貼る
貼る
破る
丸めた色画用紙

描く P.22

コンテのジュース屋さん

ジュースの素を溶かして、おいしいジュースを
作りましょう！　何ジュースにしようかな？

[用意するもの]
・色画用紙（カップ・ストロー形）

●作り方

コンテ
水を付けた筆でコンテを溶かすようになでる
貼る

コンテでジュースの
素を塗りましょう。

あいな

上級編

立体的に
貼ってみよう

貼る P.10　切る P.16

カタツムリの虹さんぽ

カラフルなカタツムリたちが虹の橋をお散歩♪
立体的に貼ることで製作の幅も広がりますね。

[用意するもの]
・色画用紙
　（適当な大きさ）
・フラワーペーパー

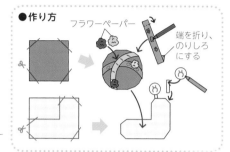

●作り方

フラワーペーパー

端を折り、
のりしろ
にする

上級編

技法 P.31

はじき絵の
オシャレがさ

傘が雨をはじく様子をイメージして、はじき
絵をしてみましょう。はじく様子だけでなく、
混ざり合う絵の具の色にも注目です！

[用意するもの]
・画用紙（傘形）　・ストロー

●作り方

パス

はじき絵をする

ストロー → 裏にセロハン
テープで留める

紙テープに
貼って飾る

Step
数色の絵の具
を使って

Step
お絵描きに
＋αを

描く P.22

シャボン玉飛んだ〜♪

シャボン玉遊びで、たくさんの大きなシャボン玉ができ
ました！　光に当たると、キラキラしてきれいですね。

●作り方

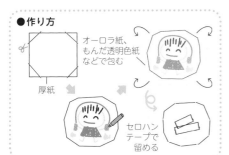

厚紙

オーロラ紙、
もんだ透明色紙
などで包む

セロハンで
留める

[用意するもの]
・厚紙
・オーロラ紙
・透明色紙

上級編

109

Step 作ったもので遊ぼう

輪ゴムは十字になるように！

貼る P.10 / 切る P.16

ロケット発射！

紙コップ2個を重ねて手を離すと、上の紙コップが飛んでいきます。ロケットを飛ばすときは手を伸ばし、顔に当たらないように気を付けましょう。

[用意するもの]
・紙コップ　・輪ゴム　・色画用紙　・丸シール

●作り方

紙コップ / 輪ゴム / 丸シール / 紙コップ

十字になるように掛ける

貼る

Step 輪っかを作ろう

[用意するもの]
・封筒
・トイレットペーパー
・モール
・色画用紙（帯状）
・新聞紙
・マスキングテープ
・ひも

上級編

貼る P.10 / 折る P.28

魚釣りごっこ

封筒や袋に紙を詰めて、いろいろな魚を作りましょう。新聞紙のさおで釣り上げれば、リアルフィッシングが楽しめます。

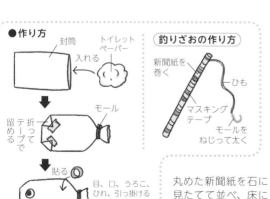

●作り方

封筒 / トイレットペーパー / 入れる

折ってテープで留める / モール

貼る

目、口、うろこ、ひれ、引っ掛けるところを作ったり描いたりする

（釣りざおの作り方）

新聞紙を巻く / ひも / マスキングテープ / モールをねじって太く

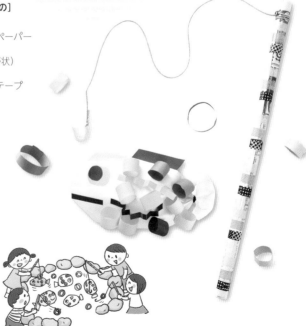

丸めた新聞紙を石に見立てて並べ、床に固定。池を作るのも楽しめますね。

110

技法 ❀ P.31

アサガオがたくさん咲いたよ☆

カラフルなアサガオがたくさん咲いて、きれいですね。
ペンで描いた模様を水を付けた筆でなぞってにじませ
るのがポイントです！

●作り方
アサガオ
水性ペン

中心をつまむ
和紙
乾かす
筆で水を塗る

葉

[用意するもの]
・和紙（○）
・色画用紙（適当な大きさ）

上級編

技法 ✂ P.31

ころりん♡織り姫と彦星

コロンとした形がかわいいですね。染め紙を数枚楽しみ、
気に入った模様を選んで作りましょう。

[用意するもの]
- 障子紙
- ティッシュペーパー
- 輪ゴム
- オーロラ色紙（帯状）
- 色画用紙
  （顔用、烏帽子・リボン形）

●作り方

Step

色紙で作る
立体は、力加減が
難しい！

貼る 🐌 P.10

ゆらゆら☆織り姫と彦星

織り姫と彦星が寄り添っているようでかわいいですね♪
立体的な体を潰さないようにふんわりと扱いましょう。

[用意するもの]
- 色画用紙（顔用、星形）
- 色紙
- フラワーペーパー（適当な大きさ）
- レースペーパー（適当な大きさ）
- 千代紙（適当な大きさ）
- モール

●作り方

貼る 🐌 P.10

ねじってペタペタ
ひまわりさん

ぐんぐん成長するヒマワリさんたち。
作ったヒマワリをペープサートのよう
にして遊んだ後で飾るといいですね。

Step
ねじって
貼ろう

●作り方

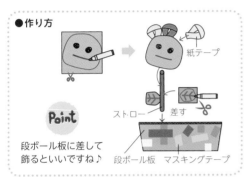

紙テープ

ストロー　差す

Point

段ボール板に差して
飾るといいですね♪

段ボール板　マスキングテープ

[用意するもの]
・色画用紙 (顔・葉用)
・紙テープ
・ストロー
（・段ボール板
・マスキングテープ）

Step

円柱を作って

貼る 🐌 P.10

円柱de
クワガタムシ

羽を付ける位置や飾りなど、
自由に作ることができると
いいですね。

[用意するもの]
・色画用紙 (帯状、ツノ・足用)
・片段ボール (適当な大きさ)
・フラワーペーパー

●作り方

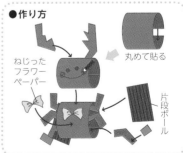

丸めて貼る

ねじった
フラワー
ペーパー

片段ボール

Step

ペーパー芯を
色紙で巻こう

技法 ✂ P.31

野菜スタンプの
レターラック

空き容器や野菜でスタンプしましょう♪
ジャガイモは、切り込みを
入れてもいいですね。

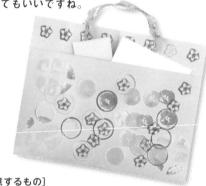

貼る 🌀 P.10

動物ペン立て

好きな動物やものを飾
るとオリジナルペン立
てのできあがり！

［用意するもの］

・ペーパー芯　・色画用紙　・色紙　・段ボール板

● 作り方

色紙

上下を中に
折り込む

貼る

ペーパー芯

段ボール板を
色画用紙で巻く

［用意するもの］

・色画用紙　・野菜や乳酸菌飲料の空き容器など
・モール

● 作り方

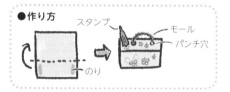

スタンプ

モール

パンチ穴

のり

貼る 🌀 P.10　折る △ P.28

コロコロ立体フォトフレーム

いろいろな飾りを作って立体的に☆

［用意するもの］

・段ボール板　・紙テープ
・色画用紙　・モール

● 作り方

モール

段ボール板を
色画用紙で巻く

パンチ穴

紙テープ

貼る

写真

Step

輪っか、カール、
ハート、階段折り
で飾ろう

上級編

貼る 🐌 P.10　描く ✏️ P.22

何を動かそうかな？

簡単なしくみですが、イメージが広がり、
絵を描くことが楽しくなりますよ。

[用意するもの]
・色画用紙（2～3㎝幅、4～5㎝幅、台紙）

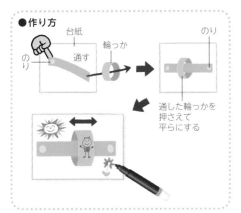

●作り方

Step

動くしくみを
作ろう！

上級編

こっちにも
貼ろ〜っと

動いた♪

写真に合わせて切ろう！

いろいろやさん

おもちゃやさん

ギリギリで切らず、少し周りを残すように切りましょう。

何屋さんにしようかな？

いっぱい並べるぞー

切る✂ P.16

リアル！ お店屋さん

好きな写真を切ってお店の中へ。いっぱい切ったら、出して並べてお店屋さんの開店です♪

●作り方

貼る

（のりしろ）

折る

貼る

いろいろやさん

折る

貼る

折り返す
（出し入れがしやすい）

貼る

[用意するもの]
・色画用紙
・広告・カタログ
　などの写真

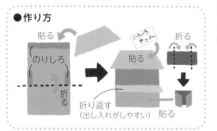

貼る P.10　切る P.16

ブドウの中には…？

扉を開けて…ブドウの中には何があるのか
な？　扉ののりの貼り方について、子どもた
ちに問い掛け、一緒に考えるといいですね。

[用意するもの]
・色画用紙（ブドウ用：□、軸用）

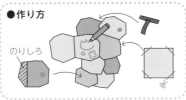

●作り方
のりしろ

Step
ドアを貼って
みよう

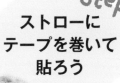

Step
ストローに
テープを巻いて
貼ろう

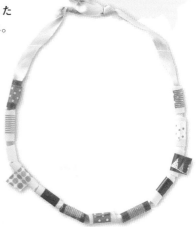

貼る P.10　描く P.22

トンボのカラフルめがね

トンボのめがねを通して見るとどんな色になるかな？
作った作品のめがねをのぞいてみましょう。

[用意するもの]
・ペーパー芯（適当な大きさ）
・カラーセロハン　・ストロー　・ひも
・クリアフォルダー（羽用：帯状）
・マスキングテープ

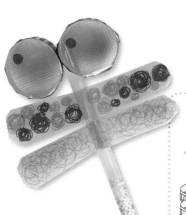

●作り方
カラー
セロハン
ペーパー芯
両面テープ
油性ペン
マスキング
テープ
ストロー（太）　ひも
マスキング
テープ
テープで
固定する
セロハン
テープ
クリアフォルダー
油性ペン

貼る P.10

おしゃれ
ネックレス

太めのストローにテープを巻いて、
自分だけのネックレスを作りましょう。

[用意するもの]
・太めのストロー（適当な長さ）
・マスキングテープ　・リボン　・モール

●作り方
マスキングテープを
巻く
ストロー
リボンに
通す
モール
先を輪に
して結ぶ
結ぶ

上級編

貼る 🎞 P.10　**描く** ✏ P.22

画用紙の街

色画用紙で自分だけの街を作りましょう。カラフルでいろいろな形の建物や車、お散歩している動物たちがかわいいですね。

[用意するもの]

・色画用紙

●作り方

折る

貼る

Point　のりしろの上を指先で
そっと押さえましょう。

上級編

Step
指先でのりしろを押さえよう

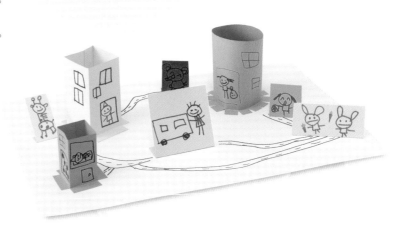

Step
お話を考えて

描く ✏ P.22

絵人形シアター

自分のお話ができたら、みんなに披露したり、お友達のお話を聞いたりして楽しみましょう。

段ボール板の断面の穴を利用して差しましょう！

●作り方

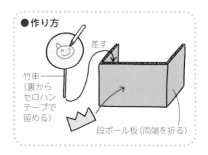

差す

竹串
(裏からセロハンテープで留める)

段ボール板(両端を折る)

[用意するもの]

・色画用紙
・竹串(または、割り箸)
・段ボール板

Step
絵の具で
着色！

もむ P.29

もみもみおイモ

もんだ風合いを生かしていろいろな形の
おイモが作れるといいですね♪

切る P.16　描く P.22

カラフルミノムシ

カラフルなミノムシがゆらゆらと風に吹かれて
楽しそう！　ペーパー芯をたくさん重ねたり、
ずらして貼ったりすると動きがでますよ。

[用意するもの]
・ペーパー芯（1/2）　・色画用紙（目・口用）　・ひも

[用意するもの]
・色画用紙（適当な大きさ）
・ティッシュペーパー
・ラップ芯
・ひも

●作り方

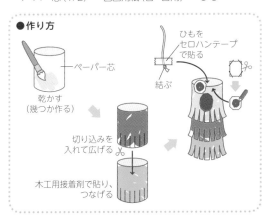

ペーパー芯

乾かす
（幾つか作る）

ひもを
セロハンテープ
で貼る

結ぶ

切り込みを
入れて広げる

木工用接着剤で貼り、
つなげる

●作り方

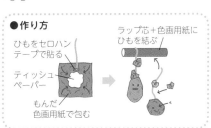

ひもをセロハン
テープで貼る

ティッシュ
ペーパー

もんだ
色画用紙で包む

ラップ芯＋色画用紙に
ひもを結ぶ

線で描いたり、
しっかり塗ったり
使い分けて

てんてん描き

グルグル描き

重ね塗り

混色

しっかり塗り

お皿形の色画用紙に、
パスで料理をのせる
ように描きましょう。

描く ✐ P.22

ごちそうレストラン、開店でーす

ぐるぐる描きのスパゲティ、重ね塗りのオムライス
など、パスの基本がしぜんと身につきますね。

[用意するもの]
・色画用紙（台紙、皿・フォーク・ナイフ形）

Step

△を2つ貼って
星にしよう

貼る 🔵 **P.10**

ハロウィンカボチャ☆

10月31日は秋の収穫を祝うハロウィンの日。
かわいく飾ったカボチャのランタンを飾りましょう。

● 作り方

モール

円柱形を半分に折って
折り筋を付ける

両端を折って内側に貼る
（前面のみ）

[用意するもの]
・色画用紙
・モール

Step

こすると写る
不思議を感じて

技法 🌸 **P.31**

カラフル葉っぱの木

フロッタージュの葉っぱがカラフルで華やかですね。

● 作り方

ペーパー芯

切り込みを入れる

折り曲げる

コピー用紙をかぶせる

葉

コンテでこすり出す

切る

のりで貼る

何個か作って積み上げる

（寝かせてこする）

[用意するもの]
・コピー用紙
・葉
・ペーパー芯

上級編

サンタクロースとトナカイ

Step

三角柱を作って

ちょこんと座っている姿がかわいい置き飾りです。
今からプレゼントを配りに行くのかな?

●作り方

輪にする → 折り目を付けて三角柱にする

*トナカイの体も同様に作る

モールを裏からセロハンテープで貼る

フラワーペーパー

[用意するもの]
・色画用紙
・フラワーペーパー
・モール

上級編

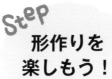

**形作りを
楽しもう！**

貼る 🐌 **P.10**

ナチュラルリース

段ボール板を組み合わせて形を作ります。
自分で考えた形のリースを作ると、クリ
スマスが楽しみになりますね。

● 作り方

段ボール板を
木工用接着剤で貼る

裏からモール
を貼る

木工用
接着剤で貼る

木の実

小枝

布

[用意するもの]
・段ボール板 (長方形)
・木の実や小枝など
・布 (布の基本は、P.124参照)
・モール

**絵の具を
2色使って
グラデーション**

技法 🎀 **P.31**

グラデーションツリー

2色でグラデーション。混ざると色が変わること
にも興味をもてるといいですね。

● 作り方

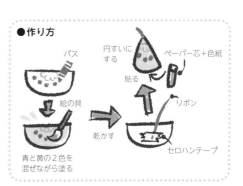

パス

円すいに
する

ペーパー芯＋色紙

貼る

絵の具

リボン

乾かす

青と黄の2色を
混ぜながら塗る

セロハンテープ

[用意するもの]
・画用紙 (半円)
・ペーパー芯
・色紙
・リボン

上
級
編

[用意するもの]
・色画用紙
・布

貼る P.10

布のコラージュ

布を紙のように使ってみましょう。いつも
と違う雰囲気に作りたい意欲も増しますよ。

上級編

●作り方

貼る

のり付け台紙 布

指で木工用
接着剤を塗る

木工用接着剤は、指
で付けても大丈夫！
手拭きを用意してね。

布の基本

保育者の
準備

少量の水で薄めた木工用接着剤
をハケで塗る、もしくは、トレ
イなどに入れて浸す

木工用接着剤に浸した布を
絞らずに干して乾かす

ポリ袋などを敷く

水で薄めた木工用接着剤

※乾いた布は紙のように切ったり折ったりできます。

描く ✏️ P.22　技法 🎨 P.31

カラフルハウス

にじみ絵のカラフルな屋根を生かして小人さんのおうちを描きましょう。

[用意するもの]
・コーヒーフィルター
　（開いて1枚にする）
・色画用紙（四ツ切）

●作り方

にじみ絵をする

コーヒーフィルター

乾かしてから貼る

Point

色画用紙に映える色のペン（1色）で描いてから、いろいろな色のペンで塗ったり描いたりしましょう。にじみ絵が映える絵に仕上がります。

貼る 🌀 P.10

モコモコヒツジさん

毛糸などの素材を自由に組み合わせておしゃれに飾りましょう。

Step
素材の温もりを感じながら

[用意するもの]
・色画用紙
・フラワーペーパー
・毛糸（適当な長さ）
・マジックロープ（適当な大きさ）
・ボンテン

土台の色画用紙に木工用接着剤を付けてから貼るようにしましょう。

Step
結晶切りに挑戦！

切る ✂️ P.16

雪のモビール

畳んだ色紙を切ってそっと開くと…きれいな結晶の完成☆

[用意するもの]
・オーロラ色紙　・画用紙　・ストロー
・色紙　　　　　・紙テープ　・ひも

●作り方

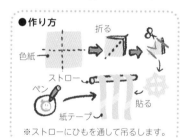

色紙　　折る

ストロー

ペン

紙テープ　貼る

※ストローにひもを通して吊るします。

●作り方

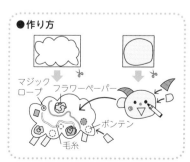

マジックロープ　フラワーペーパー

ボンテン

毛糸

上級編

友達と一緒に
考えながら描こう

[用意するもの]
・色画用紙

●作り方

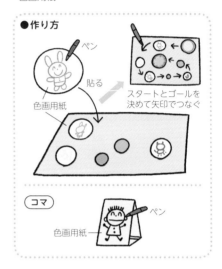

ペン

色画用紙

貼る

スタートとゴールを
決めて矢印でつなぐ

コマ

色画用紙

ペン

貼る P.10　描く P.22

動物まねっこスゴロク

グループに分かれて、動物スゴロクを作りましょう！
止まったところに描かれている動物のまねをするのが
ルールです。

上級編

遊び方

❶ どんな動物がいる？

ウサギ

ライオン

どんな動物がいるのかを考えながら、
色画用紙に動物の絵を描きましょう。

❷ スゴロクをしよう

ウサギだ！

つぎは
ぼく！

ぴょん
ぴょん

サイコロを振って、出た数だけ進みます。
止まったところに描いてある動物のまねを
しながらゴールを目指しましょう。

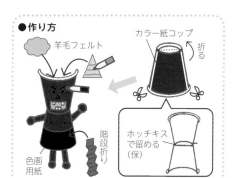

●作り方

羊毛フェルト

カラー紙コップ
折る

階段折り

色画
用紙

ホッチキス
で留める
（保）

[用意するもの]
・カラー紙コップ
・羊毛フェルト
・色画用紙

折る △ P.28

紙コップ鬼

たくさん折って、かっこいい
パンツを作りましょう♪

Step
描くことが
楽しくなる
ように

重ねて描いて…

めくるよ

ドキ
ドキ

できた！

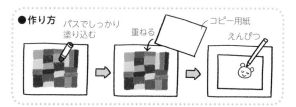

[用意するもの]
・画用紙（台紙）　・コピー用紙（A4の1/4）

●作り方

パスでしっかり
塗り込む

重ねる

コピー用紙
えんぴつ

描く ✏ P.22

カラフル☆写し絵

台紙の上でお絵描きをすると…パスの色が写ってカラ
フルな絵の完成！　描くことも楽しくなりますね。

貼る P.10　切る P.16　折る P.28

かわいい♡おひなさま

ひな祭りをお祝い♪　切ったり貼ったり折ったり…
自分なりに工夫して作りましょう。

Step

自分なりに
工夫して

[用意するもの]

・ペーパー芯　・フラワーペーパー
・色紙　　　　・お菓子の空き箱
・色画用紙　　（1面をコの字型に切っておき、
・ストロー　　　形を整える）

●作り方

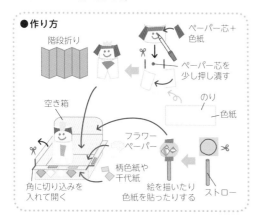

階段折り

ペーパー芯＋色紙

ペーパー芯を少し押し潰す

のり
色紙

空き箱

フラワーペーパー

柄色紙や千代紙

角に切り込みを入れて開く

絵を描いたり色紙を貼ったりする

ストロー

貼る P.10

スズランテープの
おひなさま

スズランテープがなびく様子がきれいですね。

[用意するもの]

・スズランテープ　　　　　　・ストロー
・色画用紙（おひなさま用、花形）・細めのひも
・千代紙

●作り方

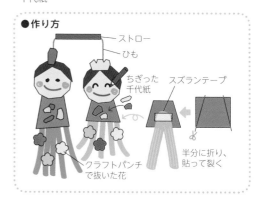

ストロー
ひも

ちぎった千代紙

スズランテープ

クラフトパンチで抜いた花

半分に折り、貼って裂く

切る✂ P.16　折る△ P.28

満開のタンポポ

タンポポに、春の訪れを感じた虫たちが
やって来ました。折った部分がタンポポ
らしいですね。

●作り方

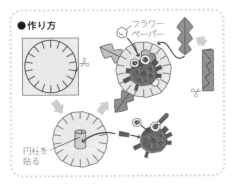

フラワー
ペーパー

円柱を
貼る

[用意するもの]
・色画用紙
・フラワーペーパー

Step

切り込み部分
を折る！

Step

小さいところに
描いてみよう

描く✏ P.22

メダカの学校

春の小川をのぞいて見ると…たくさんの
メダカたちが！　水の中でキラキラと
光っていてきれい。

[用意するもの]

・厚紙
・アルミホイル（適当な大きさ）
・おかずカップ（1/8）
・色画用紙

・スズランテープ
・太いストロー
・紙粘土

●作り方

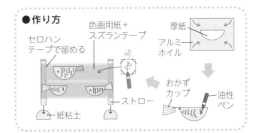

色画用紙＋
スズランテープ

セロハン
テープで留める

厚紙
アルミ
ホイル

おかず
カップ

油性
ペン

紙粘土

ストロー

描く✏ P.22

思い出をパチリ☆

一年間、どんなことがあったか振り返りながら写真を作り、カメラに入れておきましょう。

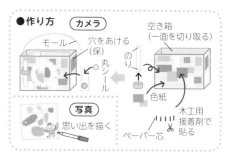

●作り方 [カメラ]

モール　穴をあける（保）　丸シール　空き箱（一面を切り取る）　のり　色紙　木工用接着剤で貼る

[写真]　思い出を描く　ペーパー芯

[用意するもの]
・お菓子の空き箱
・色紙
・ペーパー芯
・モール
・丸シール
・色画用紙
（適当な大きさ）

Step
思い出を
話し合いながら

上級編

中は…

折る△ P.28

動物のしおり

にっこり笑った動物がかわいいしおりは、ページの角に挟んで使います。

[用意するもの]
・色画用紙

●作り方

折る　のり

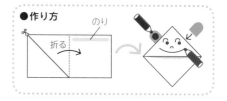

切る✂ P.16　**描く**✏ P.22

おうちのカード

おうちに窓をあけましょう。
開け閉めできて楽しいカードの完成です♪

Step
窓をあけて
みよう

●作り方

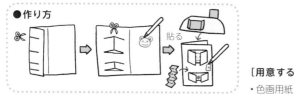

貼る

[用意するもの]
・色画用紙

ロケットに乗って出発♪

ロケットにそれぞれの思いをのせて出発進行！
新しいクラスに期待をもちながら、製作を楽し
めるといいですね。

Step

自由な
発想を楽しむ

●作り方

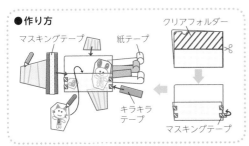

マスキングテープ　　紙テープ

クリアフォルダー

キラキラ
テープ

マスキングテープ

［用意するもの］
・クリアフォルダー
・紙テープ
・キラキラテープ
・色画用紙
・マスキングテープ

しんきゅうおめでとう

達人編

5歳児

発達の様子

友達と関わる中で、様々な気持ちを知り、相手の立場を考えたり思いやる気持ちをもったりするようになります。

手先を使う機能が更に発達し、細かい表現ができるようになります。

みんなで相談して、意見をまとめることができるようになり、友達と協力し合い、大きなものや複雑なものを作れるようになってきます。

硬い紙なども力の入れ方に工夫をして切れるようになります。紙の性質を理解して、平面から立体にすることを楽しむことができます。

 情緒、 人間関係、 手指　の発達について記載しています。

▲ P.135

▲ P.137

P.141▶

▲ P.142

▲ P.145

その様子から

押さえておきたい
製作のポイント

ポイントを
達成するための

保育者の配慮

★技法で興味を

新しい技法や方法などを知り、できるようになることに喜びを感じるときです。この時期の子どもが興味を抱く技法などを伝えましょう。

★みんなで鑑賞

▼ P.160

友達と協力し合ったり、見通しを立てて活動したりすることができるようになります。個人の作品でも、できたものをみんなで鑑賞する時間を大切にしましょう。

★少し難しいことに挑戦

接着しにくい素材を扱ったり、硬めの紙を切ったりするなど、ちょっぴり難しいと感じることに挑戦できるような機会をつくりましょう。

◀ P.140

★子ども自身が考える

全てを保育者が整えてしまうのではなく、作りたいものを形にするためには何を準備すればいいのか、どのような手順で作ればいいのかを子どもに考えさせるような問い掛けを大切にしましょう。
作ったり描いたりしたくなるきっかけを与えるようにしましょう。

P.145▶

★自由に使えるように

ある程度、自由に素材が使えるように環境を整えて、子どもの自立を促しましょう。それには、身の回りを整理整頓できるように習慣づけることも大切です。

◀ P.157

★後片付けも自分で

筆を洗う、シートを畳む、床を拭くといった後片付けもなるべく子どもたちが行なえるようにしましょう。

133

切る ✂ P.16

ペーパー芯のお花

切り込みの深さによって花の大きさが
変わることに気付けるといいですね。

[用意するもの]
・ペーパー芯
・フラワーペーパー
・ストロー
・色画用紙

Step
立体を
切り開く

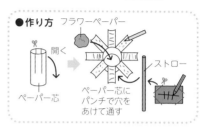

●作り方　　フラワーペーパー

開く

ペーパー芯　　　ペーパー芯に
　　　　　　　　パンチで穴を
　　　　　　　　あけて通す

ストロー

Step
いろいろな
重ね切りを
しよう

切る ✂ P.16　折る △ P.28　技法 ✿ P.31

お花のレターラック

染め紙や色紙の花で華やかに飾り付けましょう。
切り方を変えると花びらの形が変わることも楽
しみたいですね。

●作り方

色紙や
染め紙を
した和紙

折る

モール
パンチ穴
紙皿
紙皿1/2

紙テープ

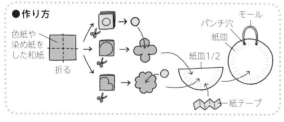

皿の凹凸を生かして、
ポケットを作ろう！

[用意するもの]
・和紙（または、障子紙）　・紙皿（そのままのものと、
・色紙　　　　　　　　　　　1/2のもの）
・紙テープ　　　　　　　　・モール

達人編

くるくる紙コップシアター

紙コップとクリアカップを重ねて回すことで
2つの絵が合わさり、お話が生まれます。

●作り方

紙コップ
両面テープ
油性フェルトペン
クリアカップ
クリアカップをかぶせる

[用意するもの]
・紙コップ
・クリアカップ
・色画用紙

みんなの前で
発表！

紙コップに貼る主人公

Point 大きすぎるとクリアカップが回りにくくなります。小さめに平たく作りましょう。

クリアカップに描く絵

Point 紙コップにかぶせた状態で描きましょう。

ステンシルこいのぼり

ステンシルの風合いを楽しみましょう。
色の重なりもきれいですね。

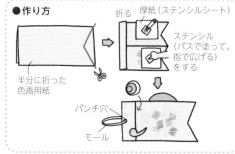

●作り方

半分に折った色画用紙 → 折る 厚紙（ステンシルシート）

ステンシル（パスで塗って、指で広げる）をする

パンチ穴
モール

[用意するもの]

・色画用紙　・モール　・厚紙（ステンシルシート）

Step

新しい技法に挑戦しよう

切り立て飾りのこいのぼり

うろこの穴から見える柄色紙の模様や穴の形がおもしろい！　切り込みの切り方を工夫してもいいですね。

Step

穴をあける

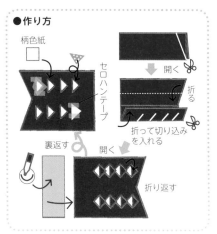

●作り方

柄色紙

セロハンテープ

開く

折る

折って切り込みを入れる

裏返す

開く

折り返す

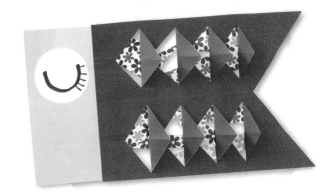

[用意するもの]

・色画用紙
・色紙

おしゃれかんむり

重ね切りや飾り切りなどの切り方、紙の大きさなど、
いろいろな飾りを切ることを楽しみましょう。

[用意するもの]
・色画用紙 (王冠形)
・色紙
・ベルト

ホッチキスの表が内側に
くるようにして留める
└ 輪ゴム

二重にしておくと丈夫

●作り方

※それぞれの切り方は、P.21参照。

Step

いろいろな
切り方を
楽しもう！

コンテのイチゴ

コンテの混色を楽しみながら、イチゴを描い
てみましょう。真っ赤なイチゴ、ピンクっぽ
いイチゴ…おいしそうなイチゴがたくさん！

[用意するもの]
・色画用紙 (四ツ切)

●描き方

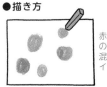

赤・白・黄など
のコンテで
混色しながら
イチゴを描く

イチゴの種や
ヘタ、ツル、
葉、人などを
自由に描く

貼る P.10

てるてる坊主の雨宿り

アジサイの中でてるてる坊主が雨宿り♪ フラワー
ペーパーは保育者がアジサイの色味を考えて用意し、
組み合わせを楽しみましょう。

[用意するもの]
- 紙皿（中央を切り取る）
- フラワーペーパー
- ポリ袋
- ティッシュペーパー
- モール
- リボン
- 色画用紙

●作り方

リボン パンチ穴＋リボン 数枚重ねて中央をねじったフラワーペーパー
油性ペン
モール
ティッシュペーパーを包んだポリ袋
紙皿

貼る P.10　折る △ P.28

カラフル☆カタツムリ

輪の中に色画用紙を貼ることは少し難しいですが、
様々な模様ができることを楽しみましょう。

[用意するもの]
- 色画用紙（帯状、胴体用）

●作り方

輪にする 色画用紙 丸める
のり
輪の中に貼る
階段折り

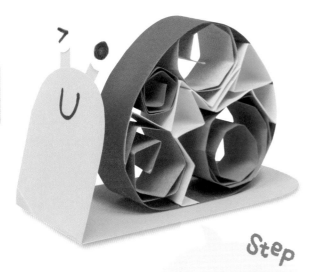

Step

折って丸めて、
模様を作ろう

カラフル傘で お出掛け♪

カラフルな模様の傘で雨の日もワクワク♪
大きな模造紙にローラー遊びを楽しみ、線が
交差すると色が変わることも知りましょう。

●作り方

半分に折って貼り合わせる

模造紙

ローラー遊びで
色を付ける（数人）

乾いてから
切り分ける（保）

モールをセロハン
テープで留める

半分に折って半円形に切る
（2セット作る）

[用意するもの]
・模造紙　・モール

Step

ローラーを
使ってみよう

ローラー の 基本

1 練り板（トレイなど）に絵の具を出し、
ローラーでむらなく伸ばす

練り板の上部に絵の具を出し、
少しずつローラーに付けて転がし、
均一になるまでよく伸ばしましょう。

2 紙の上でローラーを転がす

Point

絵の具は水で薄めず、基
本的には原液のまま使用
します。しかし、古くな
り固まっている場合には、
新品の絵の具を参考に、
水で溶いてトロトロの状
態にしましょう。版画用
のインクを使ってもいい
でしょう。

139

達人編

貼る  P.10

紙パック舟

様々な形に切った紙パックを
自由に組み合わせましょう。
どんな舟ができるかな?

[用意するもの]
・紙パック(様々な形)

輪切り　舟形切り　箱形切り　家形切り

・ビニールテープ
・色画用紙

すすんだ!

うちわで
あおいでみよう!

Step
テープで自由に
貼り合わせる

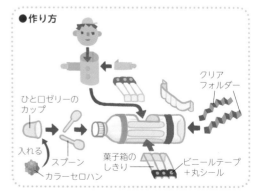

Step
透明素材を
組み合わせて

貼る  P.10

ペットボトル飛行機

好きな素材を組み合わせて自分だけの
飛行機を作りましょう。

[用意するもの]
・ペットボトル
・丸シール
・ビニールテープ
・カラーセロハン

・透明素材(スプーン、ひと口ゼリー
　のカップ、クリアフォルダー、菓子
　箱のしきり　など)
・色画用紙(人形用)

●作り方

クリア
フォルダー

ひと口ゼリーの
カップ

入れる

スプーン

カラーセロハン

菓子箱の
しきり

ビニールテープ
+丸シール

織り姫と彦星のリース

四角の輪を組み合わせて土台を作りましょう。織り姫・
彦星の胴体もたくさん切ってかわいくしましょう。

●作り方

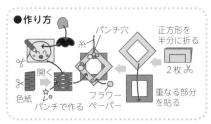

パンチ穴
糸
正方形を
半分に折る
2枚
開く
色紙
パンチで作る
フラワー
ペーパー
重なる部分
を貼る

[用意するもの]

- 色画用紙
- フラワーペーパー
- 糸
- 色紙

Step 色画用紙を
切り抜く

Step 油性ペンで
立体物に描く

ペットボトル
風鈴

転がりやすいペットボトルを
うまく支えて描きましょう。

[用意するもの]

- ペットボトルの上部(キャップ
  に目打ちで穴をあける。切り
  口にアイロンを当て滑らかに
  する、またはセロハンテープ
  で保護する)
- モール ・ビーズ ・ひも
- 色画用紙(□) ・鈴

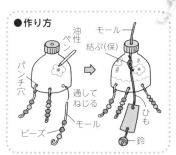

●作り方

油性
ペン
モール
結ぶ(保)
パンチ
穴
通して
ねじる
ビーズ
モール
ひも
鈴

渦巻きモビール

渦巻きが切れたらはさみの達人です!
たくさん切って楽しみましょう。

[用意するもの]

- 色画用紙
- ひも

Step グルグル
連続切りに
挑戦

●作り方

✂ パンチ穴 ひも

まずは四角から。
突き当たりの手前まで
切ったら、紙の向きを変
えて、また突き当たりの
手前まで。

141

色画用紙で
立体を作ろう

貼る P.10
コロリン夏野菜

帯状の色画用紙がいろいろな
夏野菜に大変身！

[用意するもの]
・色画用紙
・紙皿
（・フラワーペーパー）

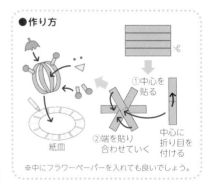

●作り方

①中心を貼る

②端を貼り
合わせていく

紙皿

中心に折り目を
付ける

※中にフラワーペーパーを入れても良いでしょう。

細長い
おばけだよ！

破る P.30

ビリビリおばけ

しぜんにできた形を「○○しているおばけ！」
と見立てながら作ってみましょう。

Step
思い描いた
形に破る

[用意するもの]
・コピー用紙
・色画用紙

●作り方

コピー用紙を
自由に破る

貼る P.10　もむ P.29

南の島で何をする？

アイススプーンをヤシの木にしたり、透明
カップのテントに入ったり…様々な素材を
使ってお気に入りの島を作りましょう。

Step
イメージを
膨らませて

[用意するもの]
・クラフト紙　　　　　・アイススプーン
・麺カップ（または、空き箱）・フラワーペーパー
・クリアカップ　　　　・色画用紙

●作り方

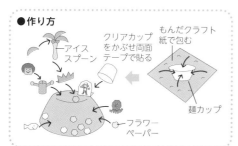

アイス
スプーン

クリアカップ
をかぶせ両面
テープで貼る

もんだクラフト
紙で包む

麺カップ

フラワー
ペーパー

魚釣りを楽しむ人がいたり、動物と遊
んだり…。友達と話をしながらイメー
ジを膨らませられるようにしましょう！

貼る P.10　折る △ P.28

セミ、たくさんつかまえた！

作った折り紙のセミを、菓子箱の虫かごと一緒に飾りましょう。
自分だけの虫かご作りにワクワクしながら取り組めそうですね。

[用意するもの] ・色紙　・お菓子の空き箱　・フラワーペーパー　・色画用紙

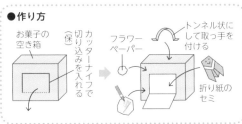

●作り方

お菓子の空き箱　カッターナイフで切り込みを入れる（保）　フラワーペーパー　トンネル状にして取っ手を付ける　折り紙のセミ

Step
折り紙に挑戦！

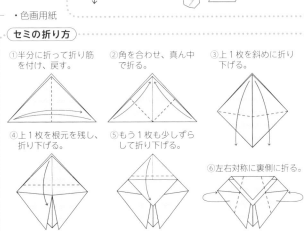

セミの折り方

①半分に折って折り筋を付け、戻す。
②角を合わせ、真ん中で折る。
③上1枚を斜めに折り下げる。
④上1枚を根元に残し、折り下げる。
⑤もう1枚も少しずらして折り下げる。
⑥左右対称に裏側に折る。

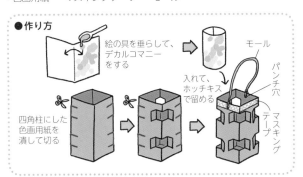

切る ✂ P.16　技法 ❀ P.31

窓あきちょうちん

デカルコマニーの模様が窓からのぞくちょうちん♪
ひもに吊るして部屋に飾り、夏祭りの雰囲気を盛り上げましょう！

[用意するもの]
・色画用紙　・マスキングテープ　・モール

Step
立体に窓をあける

●作り方

絵の具を垂らして、デカルコマニーをする

四角柱にした色画用紙を潰して切る

入れて、ホッチキスで留める

モール　パンチ穴　マスキングテープ

華やか小物入れ

ねじったり、丸めたり、細くよったり、つまんだり…フラワーペーパーを様々な形にして飾ってみましょう。

[用意するもの]
・お菓子の空き箱
・フラワーペーパー
・色画用紙

● 作り方

カッターナイフで切る（保）　色画用紙を貼る　フラワーペーパー

Step ねじって丸めて…細かい動きをたくさん

貼る 🐌 P.10　切る ✂ P.16

カラフルクリアペン立て

● 作り方
クリアフォルダー　セロハンテープ　ペットボトル　階段折りしたクリアフォルダー　セロハンテープで貼る

セロハンテープでの接着がしやすいクリアフォルダー。折ったり、はさみで切ったりもできます。

[用意するもの]
・500mℓのペットボトル（15〜17cmの高さに切り、切り口をテープで保護する）
・クリアフォルダー（2〜3cm幅の帯状、3×3cmの□）

達人編

貼る 🐌 P.10　切る ✂ P.16

街のポップアップカード

家や建物から道路、乗り物まで、自分たちが住む街をイメージして作りましょう！

[用意するもの]・色画用紙

Step 3Dカードに挑戦！

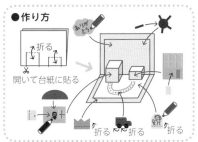

● 作り方
折る　開いて台紙に貼る　折る　折る　折る

ありがとう

混色しながら描いてみよう

描く ✏ P.22

ゴロゴロピカピカかみなりさま

パスの混色により、色作りを楽しみながら描きましょう。
パスを出す順番にも配慮してください。

●描き方　　　顔・体を描く　そのほかを描く

※最初に、うすだいだい・黄・黄土・白などの4色を
蓋に取り出し、混色しながら顔・体を描く。その後、
ほかの色も使ってツノや服などを描くようにする。

［用意するもの］
・画用紙（四ツ切）

貼る 🐌 P.10

ぽっこりおなかのフクロウ

木工用接着剤を多めに付けてしっかり乾かしましょう。

［用意するもの］
・色画用紙　・片段ボール

Step

接着剤で立体的に貼る

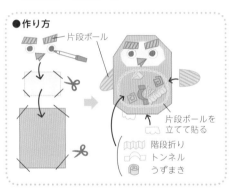

●作り方

片段ボール

片段ボールを
立てて貼る

📶 階段折り
⌒ トンネル
🌀 うずまき

大きなブドウができたよ

たくさんの丸い実をつけたブドウができて、おいしそう！
ブドウには、妖精が隠れていておうちみたいですね。

●作り方

モール

階段折り

円柱にしたり
輪つなぎを
したりする

[用意するもの]
・色画用紙
・モール

Step

輪っかを
つなげて

貼る 🐌 **P.10**

ゆらゆら　やじろべえ

ドングリなど身近に手に入るものを
組み合わせて作ってみよう！

[用意するもの]
- 竹串（先を切っておく）
- ドングリ（冷凍、または熱湯に浸けて虫を退治する）
- マスキングテープ
- アイスの棒

 アイスの棒にのせてバランスを取ることで、集中力がアップします！

●作り方

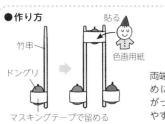

竹串
ドングリ
マスキングテープで留める
貼る
色画用紙

Point

両端に付ける竹串を長めにすると重心が下がってバランスを取りやすくなります。

Step
いろいろな
切り方を！

切る ✂ **P.16**

焼きそばをどうぞ！

一回切り、連続切り、円を切る…など、いろいろな
切り方が一度に経験できますね。

[用意するもの]・色画用紙

●作り方

舟

ショウガ・青のり

キャベツ

麺

切る　のりで貼る

手で握り、しわを作る

貼る 🐌 **P.10**

わくわくビー玉転がし

ウサギの周りを回って、ゾウの所にジャンプして
入れる…など、ルールを決めて遊んでみましょう。

●作り方

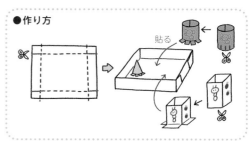

貼る

Step
立てて
貼ろう

[用意するもの]
- 色画用紙
- ビー玉

達人編

いろいろパン

クロワッサン、デニッシュ、ドーナツ…
どれも本物みたいで思わず食べたくなる
ものばかりです！

[用意するもの]
- 色画用紙
- 新聞紙
- おかずカップ
- 色紙
- 包装紙
- フラワーペーパー
- カラーセロハン
- 緩衝材

Step
たくさん紙を
もんで

●作り方

ツイストパン

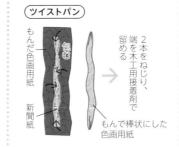

もんだ色画用紙 / 包む / 新聞紙 / もんで棒状にした色画用紙 / 2本をねじり、端を木工用接着剤で留める

クロワッサン

巻く / 両端を絞って形を整える / 丸めた新聞紙 / もんだ色画用紙（大きさの異なるものを2枚）

ドーナツ

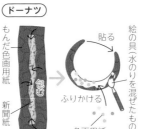

もんだ色画用紙 / 包む / 新聞紙 / 貼る / 絵の具（水のりを混ぜたもの）/ ふりかける / 色画用紙

ミニパン

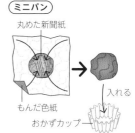

丸めた新聞紙 / もんだ色紙 / おかずカップ / 入れる

うずまきパン

もんで棒状にした色画用紙 / 包装紙 / ①渦巻きにして貼る / ②丸めたフラワーペーパを貼る

フルーツデニッシュ

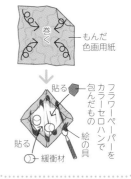

巻く / もんだ色画用紙 / 貼る / フラワーペーパーをカラーセロハンで包んだもの / 絵の具 / 貼る / 緩衝材

達人編

Step
絵の具を重ねて描こう

描く✏️ P.22

フルーツいっぱいケーキ

スポンジを描いて、フルーツを描いて、ロウソクやフルーツを貼って…濃いめの絵の具を重ねて描くことで迫力のある絵になりますね。

ケーキを食べてるところだよ

達人編

[用意するもの]
・画用紙（四ツ切）
・色紙（ロウソク・フルーツ用）

●描き方

1. スポンジ生地に見立てたクリーム色でケーキの形を描く

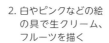

重ねて　　小さく

丸く

2. 白やピンクなどの絵の具で生クリーム、フルーツを描く

3. 色紙のロウソクやフルーツを乾いていない絵の具の上に置いて貼る

4. パス（または、ペン）で周りに絵を描く

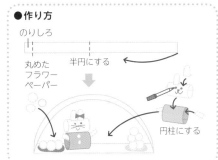

壊れないように
丁寧に作ろう

貼る P.10

お月さまとウサギ

お月さまには、ウサギとおいしそうな月見団子がたくさん！ 色画用紙のお月さまの中に慎重に貼っていきましょう。

●作り方

のりしろ

丸めたフラワーペーパー　半円にする　円柱にする

[用意するもの]
・色画用紙
・フラワーペーパー

貼る P.10

魔女の帽子

カラフルでかわいい魔女の帽子を作りましょう。円すい形を土台に貼ったら、しっかりと乾かしてから切りましょう。

●作り方

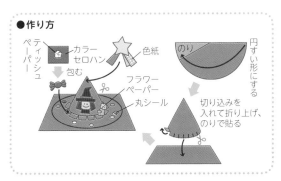

ティッシュペーパー　カラーセロハン　色紙　包む　円すい形にする　のり

フラワーペーパー　丸シール　切り込みを入れて折り上げ、のりで貼る

[用意するもの]
・色画用紙
・丸シール
・フラワーペーパー
・カラーセロハン
・ティッシュペーパー
・色紙

達人編

Step 想像を
膨らませて

貼る P.10　切る P.16

サンタクロースの住む家

サンタさんとトナカイさんは、今年も大忙し！
どんなプレゼントを届けるか相談しているのかな？
想像を膨らませながら作りましょう。

[用意するもの]
・色画用紙
・ストロー
・片段ボール
・カラーホイル
・色紙
・マスキングテープ

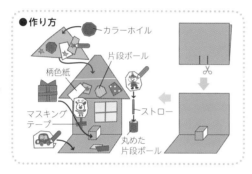

●作り方
カラーホイル
片段ボール
柄色紙
マスキングテープ
ストロー
丸めた片段ボール

達人編

Step 穴をたくさん
あけてみよう

切る P.16

プレゼント入り
ブーツ

光に透けるカラーセロハンがきれいで、
かわいいですね。ブーツにはどんなプ
レゼントが入っているかな？

[用意するもの]
・色画用紙
・カラーセロハン
・ストロー
・フラワーペーパー
・丸シール

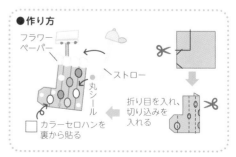

●作り方
フラワーペーパー
ストロー
丸シール
□ カラーセロハンを裏から貼る
折り目を入れ、切り込みを入れる

技法 P.31

版画ツリー

Step 2色で刷ろう！

ツリーがサンタさんのおうち？！
階段や窓を付けて想像しながら
作ってみましょう。

[用意するもの]
・色画用紙（版用） ・和紙

●刷り方

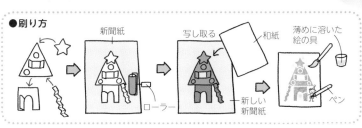

新聞紙 / 写し取る / 和紙 / 薄めに溶いた絵の具 / ローラー / 新しい新聞紙 / ペン

貼る P.10　切る P.16　もむ P.29

Step いろいろなメニューを考えよう

うどん・そば屋さんへようこそ

ネギ、エビ天、油揚げ、玉子、かまぼこなど、
具材を自由にトッピングしてできあがり♪

[用意するもの]
・色画用紙
・クラフト紙

●作り方

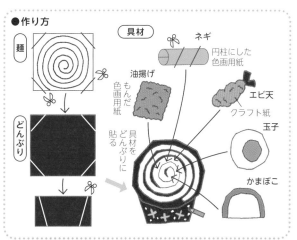

麺 / どんぶり / 具材 / ネギ 円柱にした色画用紙 / 油揚げ もんだ色画用紙 / エビ天 クラフト紙 / 玉子 / かまぼこ / 具材をどんぶりに貼る

達人編

貼る P.10　描く P.22

絵馬に願いを込めて☆

願い事を友達や保育者と話し合って
考える時間をつくりましょう。

●作り方

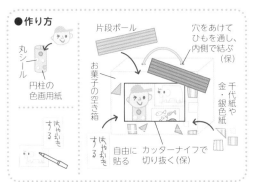

丸シール

円柱の色画用紙

片段ボール

穴をあけて
ひもを通し、
内側で結ぶ(保)

お菓子の空き箱

千代紙や
金・銀色紙

自由に
貼る

カッターナイフで
切り抜く(保)

はやおき
する

[用意するもの]
・お菓子の空き箱
・片段ボール
・色画用紙
・ひも
・色紙
・丸シール

描く P.22

Step
墨汁を使って
みよう!

墨絵 DE 掛け軸

墨汁の風合いは掛け軸にぴったり!
墨独特の色を楽しみましょう。

[用意するもの]
・色画用紙
・和紙
　(または、画用紙)
・千代紙
・リボン

●作り方

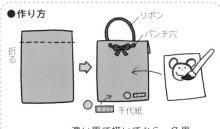

折る

リボン

パンチ穴

千代紙

Point　濃い墨で描いてから、色墨
(絵の具に墨汁を混ぜたもの)
や薄い墨で塗ったり描いたり
しましょう。

羽が動く
ペンギンさん

ペンギンさんが何をしている
ところか…楽しく想像しなが
ら作ってみましょう♪

[用意するもの]
・厚紙　・色画用紙　・割りピン

●作り方

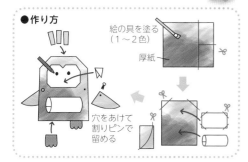

絵の具を塗る
（1〜2色）
厚紙

穴をあけて
割りピンで
留める

[用意するもの]
・画用紙（台紙）
・和紙（または、
　障子紙）

あいり

●作り方

水性
ペン

霧吹きで
にじませる

4ツ折り
した和紙

乾かす

あいり

裏に
貼る

切る P.16 ｜ 技法 P.31

にじみ絵の飾り

にじみ絵をした紙を結晶切りに。
それを貼って飾りましょう。

描く P.22 ｜ 折る P.28

ゆらゆら遊園地

Step
じゃばら折り
しよう！

動物たちがゆらゆら揺れて楽しそう！
たくさん作ってオリジナル遊園地を作りましょう。

[用意するもの]
・色画用紙

●作り方

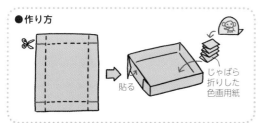

貼る

じゃばら
折りした
色画用紙

Step

自由な発想で

貼る P.10

鬼ヶ島へGO！

舟に乗って鬼はどこへ行くのかなど、お話から
イメージを膨らませて作るとワクワクしますね。

[用意するもの]
・紙皿（1/2）
・色画用紙
・片段ボール
・フラワーペーパー
・カラーホイル

●作り方

達人編

156

貼る P.10　切る P.16

チョコレートの詰め合わせ

様々なトッピングをたくさん貼ってみましょう。

[用意するもの]
- ボトルキャップ
- ボンテン
- 色紙
- 色画用紙
- モール

●作り方

包む　　色画用紙
貼る
色紙　　ボトルキャップ

貼る P.10

箱のおうち

大小の箱を組み合わせて作りましょう。
友達と話したり、絵本を見たりしなが
ら、様々な工夫ができるといいですね。

[用意するもの]
- 色画用紙
- フラワーペーパー

Step
友達と
話しながら

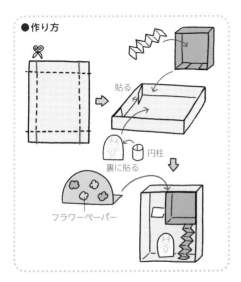

●作り方

貼る

裏に貼る　円柱

フラワーペーパー

Point

箱の組み方も
いろいろ

中に入れたり

横にくっ付けたり

達人編

いろいろな色の組み合わせを楽しもう

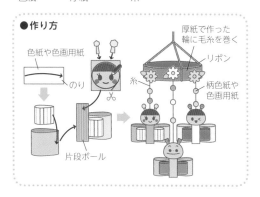

貼る P.10

ワクワク☆おひなさま

いろいろな色のフラワーペーパーを使うことで
華やかになりますね。

[用意するもの]
・色画用紙　　　　・色紙（金）
・フラワーペーパー　・リボン

●作り方

半分に折る、巻く　小さく切った
円柱の　　フラワーペーパーを
色画用紙　水で溶いたのりで貼る

階段折り　リボン　　白の
　　　　　　　　　　フラワーペーパー

広げる　　ポリ袋（下敷き）

貼る P.10

カラフルチョウチョウさん

風が吹くとチョウチョウが揺れてかわいいですね。

達人編

[用意するもの]
・色画用紙　・片段ボール　・毛糸　・リボン
・色紙　　　・厚紙　　　　・糸

●作り方

色紙や色画用紙

のり

片段ボール

厚紙で作った輪に毛糸を巻く
リボン
糸
柄色紙や色画用紙

Step

折り目が付かないようにふんわり持って

毛糸のあったか人形

友達と役割を決めて遊ぶことで、コミュニケーション力も高まります。手作りの家具や人形で友達といっぱい遊びましょう。

Step

作って友達と遊ぼう！

[用意するもの]
・段ボール板（いろいろな大きさ・形）
・フェルト　・布
・色画用紙　・毛糸

●作り方

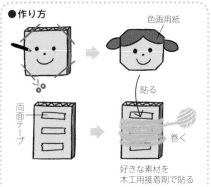

色画用紙

両面テープ

貼る

巻く

好きな素材を
木工用接着剤で貼る

家具や小物

箱を使って人形の家を作ろう！

イス

テレビ

達人編

ボトルキャップ

毛糸

針金

机

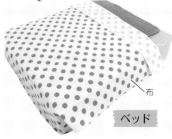

布

ベッド

きれいに箱に入れて片付けましょう。

明日も遊ぼうね！

※箱類は、中に新聞紙を丸めて詰めておきましょう。
　へこみ防止と適度な重みで遊びやすくなります。

Step

思い出を
友達や保育者と
話し合いながら…

思い出写真館

絵を描いたり写真を使ったりして、園での思い出をカメラに収めました。子どもたちと振り返って大きくなった喜びを感じましょう！

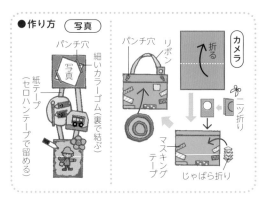

●作り方　写真

パンチ穴
写真
細いカラーゴム
紙テープ（セロハンテープで留める）
カラーゴム（裏で結ぶ）

パンチ穴
リボン
折る
カメラ
二ツ折り
マスキングテープ
じゃばら折り

[用意するもの]
・色画用紙
・リボン
・カラーゴム
・マスキングテープ
・紙テープ

Step

想像しながら
作ろう！

描く P.22

小さな絵本

あまりお話づくりにこだわりすぎず、好きなものをどんどん描いてみましょう。しぜんとストーリーが出てくるといいですね。

おかいものばっく

すきなもの いっぱい

[用意するもの]
・色画用紙（四ツ切の1/8）
・厚手の上質紙（B6サイズ）

●作り方

厚手上質紙2枚を重ねて半分に折る
→
半分に折った色画用紙
ホッチキスで留めテープで保護

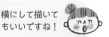
横にして描いてもいいですね！

Part 4

素材の基本

様々な製作素材の活用法をお伝えします♪　「素材
の基本」を知っていれば、「作ってみよう！」の作
品を自分なりにアレンジすることもできますよ。

紙コップ

ぱくぱく人形

「はい どうぞ」
「いただきます パクパク」

切る

切り込んで

かばん・小物入れ

モールを付けて

けん玉

リボン
ボタン

ボタンを付けて

★用途に合わせて選ぼう!
紙コップには、様々な色、形、材質のものがあり(試飲用の小さなもの、クラフト素材　など)バラエティーに富んでいます。

★事前に確認しよう
表面にコーティング加工をした種類もあります。水性ペンで描けるか、はさみで切ることができるかなどを確認しておきましょう。

★接着と着色
一般的な白いコップのほかに、クリアカップ、耐熱性の厚手のもの、柄や色の付いたものなどがあります。材質により、接着剤やペンを選びましょう。

例えば…
● クリアカップ：油性ペン、セロハンテープ、シール、両面テープ　など
● 紙コップ：水性ペン、木工用接着剤、シール、セロハンテープ　など

★形に注目
飲み口が広くなっているので、上下逆さにして置くと倒れにくくなります。人形製作などにもぴったりの素材です。

フラワーペンダント

切る

切り開いて

糸を付けて

糸電話

「きこえる?」
「キュえる?」

テープで留める

ビニール袋

※頭からかぶらないように気をつけましょう。

紙コップおばけ

セロハンテープ
紙コップ
ストロー
← 息を吹く

★接着方法は…

飾りを付けるときは、テープ類やシールなどを活用しましょう。色画用紙を付ける場合は両面テープやセロハンテープを使うようにします。

ストローと紙コップを付けて

★描画を楽しもう♪

油性ペンを使い、袋は破れにくい厚手のものを選ぶようにしましょう。画用紙を中に入れると、描きやすくなります。

紙

★大きいサイズの袋は

90Lや70Lなどの大きい袋を切り開いて、シート状にすると共同製作にぴったりです。端にクラフトテープを貼り、補強しましょう。テープの上からなら、パンチで穴をあけ、ひもを通すこともできます。

★様々な色を生かして

不透明のものや半透明・透明のものなど、様々な種類があるので、組み合わせを楽しめるといいですね！　劇あそびなどの衣装作りにも役立ちます。

膨らませて

傘袋

空気を入れて膨らませる

輪ゴム

小さく切ったカラーホイルなどを入れるときれい

傘袋のさかなロケット

ひもと重りを付けて

パラシュート

カラーポリ袋

落とす

↓

おもりボタンなど

モールを貼って

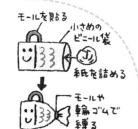

モールを貼る

小さめのビニール袋

紙を詰める

↓

モールや輪ゴムで縛る

モール

ロープ

さかな釣り遊び

ペーパー芯

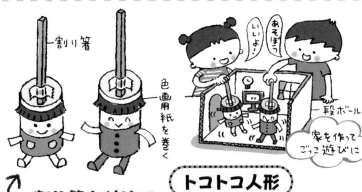

トイレットペーパー芯

★変形・製作しやすい
芯の厚さが薄いので、潰して変形でき、4・5歳児ならはさみで切ることもできます。

★衛生面では…
トイレでの使用後に残るものなので、事前に直射日光に当てておくなどすると安心して使用できますね。

★様々な着色・描画方法
色紙を巻く、貼る、絵の具で塗る、ペンで描く、テープやシールを貼るなど、様々な方法で作りたいものを表現できます。

割り箸を付けて

トコトコ人形

★芯を隠したいときは?
色紙を巻きましょう。

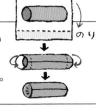

ラップ芯

★耐久性が必要なときに!
トイレットペーパー芯に比べると厚みのあるものが多く、強度があり耐久性に優れています。切るときは小ぶりなのこぎりを使用するといいでしょう。危険のないように切り口はテープでカバーしましょう。

ひもに通して

ロケット

ひもを上げ下げしてロケットを滑らせましょう

色画用紙

箱の上に乗せて

菓子箱

トントン相撲

いろいろな動物を作ってね

小物入れ

おうち

写真や絵を飾って

貼る
色画用紙
貼る
500mlの紙パック

カッターナイフで切る
中に入れる

中に新聞紙を詰める

背面のみ残す

色画用紙

色画用紙で飾って

新聞紙を詰めて

おさるさん

切り取って

★アレルギーに注意
クラスに牛乳アレルギーの子どもがいるときは、ジュースなどの紙パックを使用しましょう。

★接着は？
面で接着するときは、木工用接着剤がいいでしょう。立体にするときは、テープ類で接着しましょう。

★丈夫で水をはじく
表面に防水加工がしてあるので、水遊びなどにも使用できます。描くときは、水分をはじくので油性ペンが向いています。

★切り方を工夫して
横切りや縦切りなどにすることでいろいろなパーツができますね！

★はさみで切れる
中央の胴体部分は子どもでもはさみで切ることができます。底や貼り合わせている部分は保育者が切っておきましょう。

★接着方法は？

のりでの接着が難しいため、テープ類を使用するようにしましょう。

★切る・着色には…

着色や描画には油性ペンを使いましょう。切るときは、カッターナイフで切り込みを入れ、そこからはさみで切り進めます。けがには注意してください！

★切り口の処理は？

切り口にマスキングテープなどを貼って危険のないようにしましょう。また、温めたアイロンを近づけると、切り口が熱で縮み滑らかに仕上げることができます。

★用途に合わせて

丈夫なのは、炭酸飲料のボトル。切りやすいのは水のボトルです。用途に合わせて使いましょう。

切り口には マスキングテープなどを 巻いておきましょう

切ってかぶせて

ペンで描く

多用途接着剤

紙皿

ドーム型置き飾り

切ってつないで

スポンジ

キャップをしたまま、口と口をテープでつなぐ

おままごとのグラス

穴をあけて

モール

シャワー

水を少なめに入れて

試しながら水の量を調整してね

ゴムボール

ボーリング

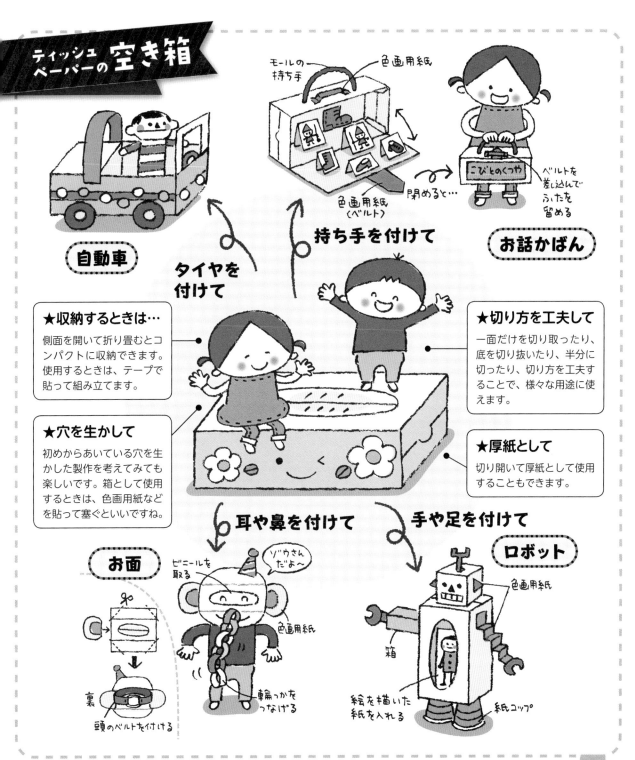

モールの持ち手

色画用紙

色画用紙（ベルト）

こびとのくつや

閉めると…

ベルトを差し込んでふたを留める

持ち手を付けて

お話かばん

自動車

タイヤを付けて

★収納するときは…
側面を開いて折り畳むとコンパクトに収納できます。使用するときは、テープで貼って組み立てます。

★穴を生かして
初めからあいている穴を生かした製作を考えてみても楽しいです。箱として使用するときは、色画用紙などを貼って塞ぐといいですね。

★切り方を工夫して
一面だけを切り取ったり、底を切り抜いたり、半分に切ったり、切り方を工夫することで、様々な用途に使えます。

★厚紙として
切り開いて厚紙として使用することもできます。

耳や鼻を付けて

手や足を付けて

お面

ビニールを取る

ゾウさんだよ〜

色画用紙

輪っかをつなげる

裏

頭のベルトを付ける

ロボット

色画用紙

箱

絵を描いた紙を入れる

紙コップ

紙皿

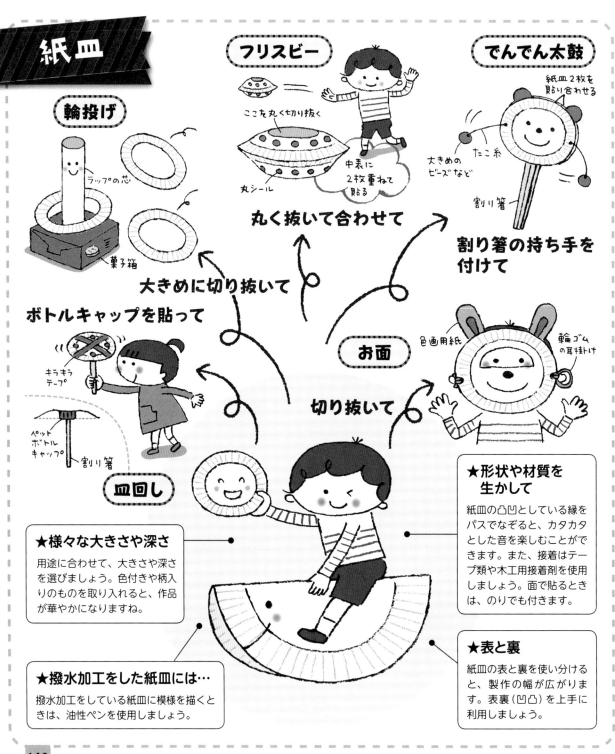

輪投げ

ラップの芯

菓子箱

フリスビー

ここを丸く切り抜く

丸シール

中表に2枚重ねて貼る

丸く抜いて合わせて

でんでん太鼓

紙皿2枚を貼り合わせる

大きめのビーズなど

たこ糸

割り箸

割り箸の持ち手を付けて

大きめに切り抜いて

ボトルキャップを貼って

キラキラテープ

ペットボトルキャップ

割り箸

お面

色画用紙

輪ゴムの耳掛け

切り抜いて

皿回し

★様々な大きさや深さ
用途に合わせて、大きさや深さを選びましょう。色付きや柄入りのものを取り入れると、作品が華やかになりますね。

★撥水加工をした紙皿には…
撥水加工をしている紙皿に模様を描くときは、油性ペンを使用しましょう。

★形状や材質を生かして
紙皿の凸凹としている縁をパスでなぞると、カタカタとした音を楽しむことができます。また、接着はテープ類や木工用接着剤を使用しましょう。面で貼るときは、のりでも付きます。

★表と裏
紙皿の表と裏を使い分けると、製作の幅が広がります。表裏（凹凸）を上手に利用しましょう。

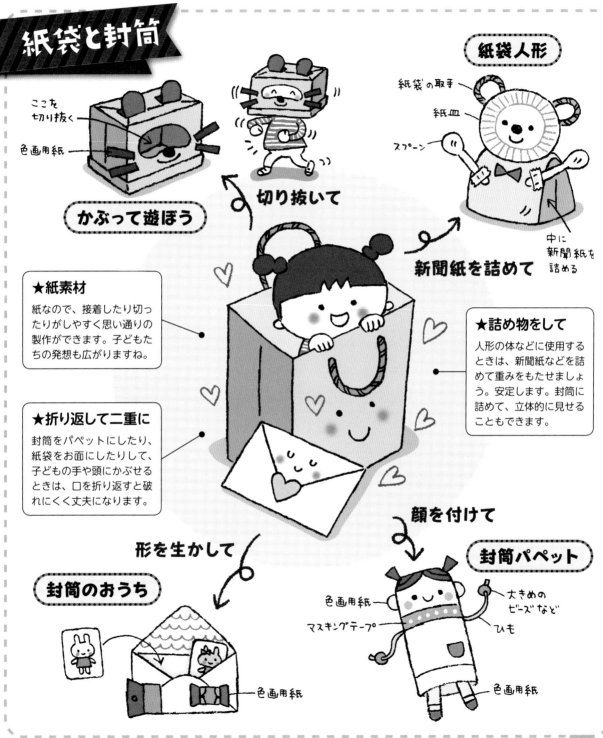

紙袋と封筒

紙袋人形

- 紙袋の取手
- 紙皿
- スプーン
- 中に新聞紙を詰める

かぶって遊ぼう

- ここを切り抜く
- 色画用紙

切り抜いて

新聞紙を詰めて

★**紙素材**

紙なので、接着したり切ったりがしやすく思い通りの製作ができます。子どもたちの発想も広がりますね。

★**折り返して二重に**

封筒をパペットにしたり、紙袋をお面にしたりして、子どもの手や頭にかぶせるときは、口を折り返すと破れにくく丈夫になります。

★**詰め物をして**

人形の体などに使用するときは、新聞紙などを詰めて重みをもたせましょう。安定します。封筒に詰めて、立体的に見せることもできます。

形を生かして

顔を付けて

封筒のおうち

- 色画用紙

封筒パペット

- 色画用紙
- マスキングテープ
- 大きめのビーズなど
- ひも
- 色画用紙

厚紙

★接着は？
木工用接着剤がいいでしょう。

★空き箱で
厚紙の代わりに空き箱を切り開いて使うこともできますね。

クルクルコマ

ストローの長さ
6cmくらい

ストローの先に
切り込みを入れ
セロハンテープで貼る

中心部分が
軸になるように
折り目を付ける

折り目を付けて

★要所要所で使う
画用紙より厚くて硬い厚紙。たくさん切ることはできません。年齢に応じた準備をしましょう。

割りピン人形

割りピンを使って

割りピン

裏に点数を書いて

絵を描く

50てん

折って立てる

アルミホイルを丸めて
作った玉を投げる

的当てゲーム

足の型を取って

おしゃれサンダル

ペンで
足型を
作って切る

絵を描いた厚紙を
木工用接着剤で貼る

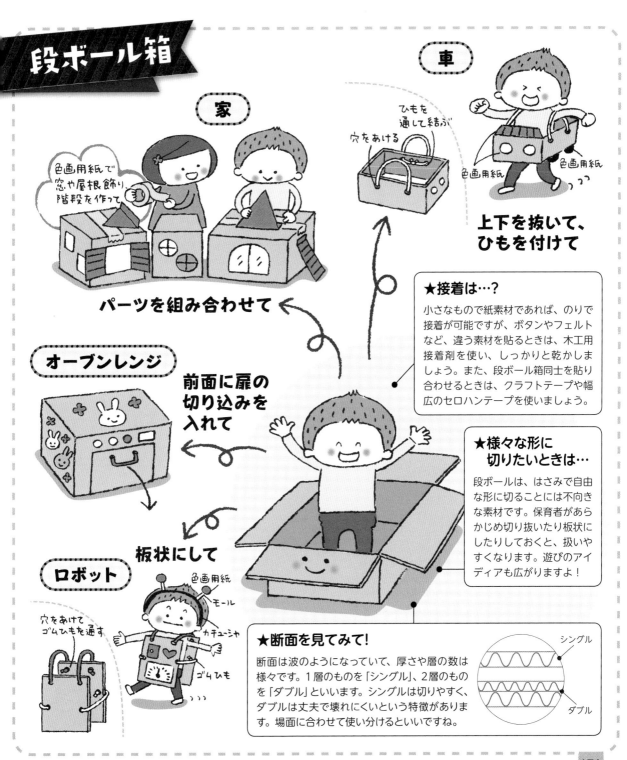

段ボール箱

家

色画用紙で
窓や屋根飾り
階段を作って

パーツを組み合わせて

車

穴をあける

ひもを
通して結ぶ

色画用紙
色画用紙

**上下を抜いて、
ひもを付けて**

オーブンレンジ

**前面に扉の
切り込みを
入れて**

板状にして

ロボット

色画用紙
モール
カチューシャ
ゴムひも

穴をあけて
ゴムひもを通す

★接着は…？

小さなもので紙素材であれば、のりで接着が可能ですが、ボタンやフェルトなど、違う素材を貼るときは、木工用接着剤を使い、しっかりと乾かしましょう。また、段ボール箱同士を貼り合わせるときは、クラフトテープや幅広のセロハンテープを使いましょう。

★様々な形に切りたいときは…

段ボールは、はさみで自由な形に切ることには不向きな素材です。保育者があらかじめ切り抜いたり板状にしたりしておくと、扱いやすくなります。遊びのアイディアも広がりますよ！

★断面を見てみて！

断面は波のようになっていて、厚さや層の数は様々です。1層のものを「シングル」、2層のものを「ダブル」といいます。シングルは切りやすく、ダブルは丈夫で壊れにくいという特徴があります。場面に合わせて使い分けるといいですね。

シングル
ダブル

大きな紙

服

クラフト紙

折る
切る

テープで留める

中央を丸く切り抜いて

床に置いて

みんなで描こう

★光沢のある紙には？
光沢のある包装紙などを使う場合は、接着は木工用接着剤、描画は油性ペンを使用するようにしましょう。

★気を付けよう！
新しい紙の端で手を切ってしまうことがあります。少しなじませてから使用するようにして、けがをしないよう気を付けましょう。

★長くて大きな紙は…
クラフト紙や模造紙などのロール紙は、長くて大きいので、みんなで絵を描くなど、共同製作にぴったりです。

丸めて、ねじって

★丈夫な"棒"
紙を巻いて棒を作るときは、斜めに細く巻くと丈夫な棒を作ることができます。

✕ 折れやすい

○ → 長くて丈夫

ねじったクラフト紙

丸めたクラフト紙

果物ネット

色紙

色画用紙

ハンバーガー & ポテト

クリアフォルダー

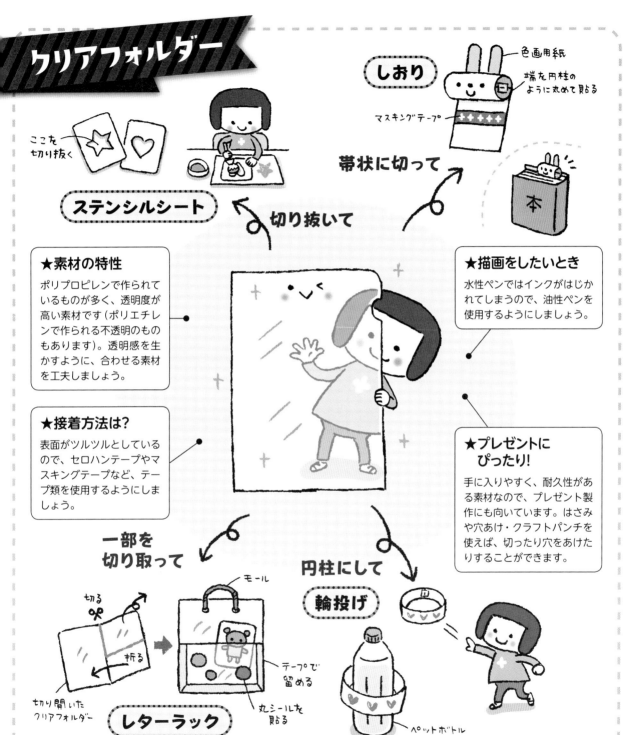

しおり

色画用紙

端を円柱のように丸めて貼る

マスキングテープ

帯状に切って

本

ここを切り抜く

ステンシルシート

切り抜いて

★素材の特性

ポリプロピレンで作られているものが多く、透明度が高い素材です（ポリエチレンで作られる不透明のものもあります）。透明感を生かすように、合わせる素材を工夫しましょう。

★接着方法は？

表面がツルツルとしているので、セロハンテープやマスキングテープなど、テープ類を使用するようにしましょう。

★描画をしたいとき

水性ペンではインクがはじかれてしまうので、油性ペンを使用するようにしましょう。

★プレゼントにぴったり！

手に入りやすく、耐久性がある素材なので、プレゼント製作にも向いています。はさみや穴あけ・クラフトパンチを使えば、切ったり穴をあけたりすることができます。

一部を切り取って

円柱にして

輪投げ

切る

折る

モール

テープで留める

丸シールを貼る

切り開いたクリアフォルダー

レターラック

ペットボトル

紙テープ

★準備は？
たくさん使うときは、あらかじめ適当な長さに切って、かごなどに入れておきましょう。

★意外と丈夫
薄くて弱く見えますが、ねじっても意外と丈夫で破れにくいです。連続でねじったり階段折りにしたりして楽しみましょう。

★使い終わりは
使った後は、ほどけないように丸シールで端を留めておきましょう。最後まできれいに使えます。

★保管は…
日光に当たると退色しやすい色があります。保管は日の当たらない所で。

連続でねじって

おしゃれヘアーの帽子

プラ容器

雨降り雲さん

ひも
色画用紙

たくさん貼って

ねじって輪にして

見立てて貼って

ライオン

変身セット

色画用紙
モール
空き容器
紙パック

カラーポリ袋

色画用紙
紙テープを巻いた新聞紙の棒

フラワーペーパー

開く↑

階段折りにした
フラワーペーパー

モール

色画用紙

花束

色画用紙

階段折りにして開いて

おイモ

段ボール板

色画用紙

モール

小さく切った
フラワーペーパー

たくさん貼って

丸めた
フラワーペーパー

写真や絵など

色画用紙

丸めて

額縁飾り

★1枚取るときは?
濡れた手で触るとくっ付いてしまうので、乾いた手で取るようにしましょう。

★接着は?
のりを使いますが、貼る台紙のほうにのりを付けて貼ると扱いやすいです。

★準備をしましょう
1/4くらいの大きさに切って色分けしてトレイに並べておきましょう。また、並べる前に一度さばいておくと取りやすくなります。

★小さく丸める
ときは?
水を少し付けて、手のひらで丸めるときれいに丸くなります。

毛糸

★保育者の準備
必要な長さに切り、丸めておきましょう。

★用途に合わせて
毛糸には、たくさんの種類があります。用途に合わせて色、素材、太さを使い分けましょう。

★接着は?
木工用接着剤を使用します。段ボール板や厚紙に巻き付けるときは、両面テープを貼っておきましょう。

あやとり
結んで輪にして

平織り
箱に切り込みを入れてたて糸を渡す
よこ糸
ヘアピンや半分に折った細いモール
織って

土台に接着剤を付けると貼りやすい
丸めた毛糸
丸めて付けて

お面の髪の毛
色画用紙
輪ゴム

束ねてくくって

縫って

ぬいさし
玉結び
段ボール板
細いモールを半分に折りねじって針に
キリで穴をあけて毛糸を通す

ポンポン人形
段ボール板
丸シールを貼る
巻く
切る
段ボール板を抜いてしっかり結ぶ

自然物

けん玉

紙パック（底の部分）

丸シール

テープで留める

マツボックリを糸で結び付ける

★自分で拾って
散歩で拾ったものを使うことで、作ることがより楽しくなりますね。

★ドングリの処理
冷凍するか、熱湯につけ、虫を退治してから使いましょう。先端が尖っていて危ないものは切っておきます。

★接着するときは
木工用接着剤を使いましょう。たっぷりと付け、平らな場所に2日ほど置き、しっかりと乾燥させます。

紙パックに付けて

モビール

リボン

段ボール板

布や色画用紙

木工用接着剤で貼る

ボタン

コラージュふう壁飾り

布やボタンを合わせて

ぶら下げて

色画用紙

木の枝やドングリなど好きなものをひもで結んでぶら下げる

トイレットペーパー

輪ゴム　丸シール　色画用紙

カラーポリ袋

袋に詰めて輪ゴムで縛り、色画用紙や丸シールで飾り付け！

遊び尽くそう！

取り方

ペーパー芯にひもや棒を通して、トイレットペーパーの端を引くと、使いたい分だけを簡単に巻き取れます。

★たっぷり遊んだ後は？

トイレットペーパーで遊んだ後は、ポリ袋などに詰めて製作に生かしたり、ボールのようにして遊んだりすることもできます。素材でたっぷり遊んだ後も、ペーパー芯を使って遊びや製作するなど、まだまだ活躍しますね！

★換気が大切！

トイレットペーパーを巻いたり取ったり破ったりして遊ぶときは、細かい繊維が舞うので、窓を開けて換気をするようにしましょう。

★ペーパー粘土には…？

ペーパー粘土を作るときは、「パルプ100％」のものを使用するといいですね。再生紙のものも使用できますが、水に溶かすと灰色っぽくなってしまいます。

ペーパー粘土

トイレットペーパーをたらいに入れて水を加えてこねましょう。

水

丸めてアイスクリーム

ペーパー粘土を手のひらで転がし、丸めてみましょう。

スプーン

フラワーペーパー

空き容器

フラワーペーパーで包むとカラフルに！

トイレットペーパープール

段ボール箱にトイレットペーパーをたくさん入れて、中に入ってみましょう。

紙・小麦粉粘土

マグネットホルダー

水性ペン
モール
磁石

磁石を付けて

モール
水性ペン

うさぎ

モールを差して

★紙粘土の種類
軽くて手触りが柔らかいものと重みのあるものがあります。軽いもののほうが子どもに扱いやすいですね。

★色の付け方は?
直径5cm程度の球に丸めて、ペンで点々を付けるかほんの少し絵の具を垂らして色を付け、こねます。

小麦粉で

★小麦粉粘土の保存
手作りの小麦粉粘土は日持ちしないので、練り上げたらポリ袋に入れて冷蔵庫で保存しましょう。

★接着方法は?
粘土同士を接着するときは、乾いたときも取れないように短く切ったつまようじに木工用接着剤を付けてつなぎます。他素材を接着するときは、木工用接着剤を少し付けて粘土にぎゅっと押し付けて接着しましょう。

小麦粉粘土を作ろう

① 大きめのボウルに小麦粉と塩を入れる。

② 様子を見ながら、水を少しずつ加える。

③ 軽くまとめてサラダ油を少々垂らし、よく練る。

小麦粉
500g
塩小さじ2
水 200cc

容器に入れて

ストロー
空き容器

初めは、小麦粉粘土だけで感触を十分に味わいましょう。その後、容器などを出して遊びを深めていきます。

つまようじ
木工用接着剤
粘土

ドングリ
↓押し込む

179

著者・製作 **内本久美**（うちもと くみ）

大阪教育大学（美術専攻）卒業
四天王寺大学短期大学部 専任講師

主な著書

＊製作よくばり図鑑
＊かわいい壁面＆部屋飾り
＊行事の製作ぜんぶおまかせ！
＊カンタン！　スグできる！　製作あそび
＊カンタン！　スグできる！　製作あそび２
＊０・１・２・３歳児のきせつのせいさく
＊２・３・４・５歳児の技法あそび実践ライブ
（全て、ひかりのくに・刊）

STAFF

本文デザイン	柳田尚美（N/Y graphics）
本文イラスト	とみたみはる、中小路ムツヨ、仲田まりこ、Meriko、やまざきかおり
製作・作り方イラスト	あきやまりか、イケダヒロコ、イシグロフミカ、いとう・なつこ、うえはらかずよ、くるみれな、とりうみゆき、福島幸、藤江真紀子、降矢和子、マサキデザイン事務所、みさきゆい、むかいえり、Meriko、やまざきかおり
製作案・製作協力	大島典子、花岡千晶
写真撮影	大畑俊男、佐久間秀樹、山田博三、編集部
校正	株式会社文字工房燦光
企画・編集	井家上萌、北山文雄

☆本書は、『月刊 保育とカリキュラム』2011〜2022年度に掲載された内容に加筆・修正し、まとめたものです。

2〜5歳児 製作あそび 基本のき

2023年2月 初版発行
2024年1月 第3版発行

著　者　内本 久美

発行人　岡本 功

発行所　ひかりのくに株式会社
〒543-0001 大阪市天王寺区上本町3-2-14
郵便振替 00920-2-118855　TEL.06-6768-1155
〒175-0082 東京都板橋区高島平6-1-1
郵便振替 00150-0-30666　TEL.03-3979-3112
ホームページアドレス　https://www.hikarinokuni.co.jp

印刷所　大日本印刷株式会社

©Kumi Uchimoto 2023
乱丁、落丁はお取り替えいたします。

Printed in Japan
ISBN 978-4-564-60958-9
NDC376　180p　21×19cm